Lothar Petzold
Im KreuzFeuer

Doch den lasst nicht zu euch herein,
der andern schadet, um etwas zu sein.
J. W. v. Goethe

Im KreuzFeuer

Lothar Petzold

KRIMINALROMAN

benno

In Erinnerung an Hubert W.

Bibliografische Information der Deutschen Nationalbibliothek
Die Deutsche Nationalbibliothek verzeichnet diese Publikation in der Deutschen Nationalbibliografie; detaillierte bibliografische Daten sind im Internet über http://dnb.d-nb.de abrufbar.

ISBN 978-3-7462-3872-2

Umschlaggestaltung: Ulrike Vetter, Leipzig
Umschlagfoto: © Aleksandra Duda/Shutterstock
Gesamtherstellung: Kontext, Lemsel (A)

Inhalt

Vorspiel	6
Hartenberg unter Wasser	8
Im Sturm	19
Spuren im Sand	35
Mittsommersonne	66
Was die Sprache verrät	92
Blut ist im Schuh	117
Altweibersommer	142
Nachspiel	173
Die Personen der Handlung	175

Vorspiel

Sein wütendes Gesicht kann er nicht sehen, aber sein bellendes *Verflucht!* hört er, zurückgeworfen vom Gewölbe des alten Bierkellers: *...ucht ...*
Ist da jemand?
...emand ...
Da ist niemand. Die Schritte hallen in der Tonne, die seit Jahrhunderten aufbewahrt, was hier geschieht. Hier kommt alles wieder. Er höhnt: *Wiederallalahh!*
...ieder...alah... rufen die Wände.
Seine Augen suchen nach einem Platz. Irgendwo muss doch da etwas sein, wo man bleiben kann, sich mal hinhockt. Aber da ist nichts. Da sind nur die uralten Steine, auf denen der Dreck der Jahrhunderte liegt. Hier kann einer nur bleiben, wenn er Stand hat.
Verdammt! Verflucht! Er will den Hall von den Wänden nicht hören. Seine Hände an die Ohrmuscheln gestemmt, wehrt er sich gegen das, was sich im Gewölbe sammelt und von oben auf ihn herunterstürzt. Der verrußte Bierkeller ist ihm egal; sein Fluch gilt nicht diesem jahrhundertealten Verließ, der gilt der Gegenwart, gilt dem, der ihn heute rausschmiss, obwohl er sich kleinmachte, um zu kriegen, was er nur noch zu erwarten hat. Er, der nichts mehr hat und nichts mehr ist.
Er heult aus Wut. Nicht seine Einsamkeit, seinen Hass will er herausschreien. Aber da geht nichts heraus. Die Wut bleibt. Der Hass bleibt und wächst und wächst: *Ich werde es ihm zeigen!*
...eigen ...

Zeigen, eigen, geigen! äfft er den Hall nach, um gleich darauf wie von einem Wahn besessen zu schreien: *Du Schwein!! Du elendes arrogantes Schwein!!*
...*ein* ... ...*ein* ... Werfen die Wände zurück. Hier geschieht nichts, begreift er, hier wird mir nur an den Kopf geworfen, was ich hinwerfe. Aber ihm tut gut, bestätigt zu werden und tun zu können, was er will. Ich werde es tun, beschließt er, ich werde es tun! Plötzlich springt er so heftig auf, als wolle er aus sich herausspringen, und schreit: *Ha, ha!*
...*á*... ...*á*... bellt es wie gespuckt von den Wänden zurück. In diesen grotesken Hall hinein schreit er mit aller seiner Kraft: *Ich werde es tun! Ich werde es tun!*
... *tun* ... *tun* ... bestätigen unbarmherzig die uralten Steine.

Hartenberg unter Wasser

1.

Johannes Nieburg überquert den Burgweg. Hier hat er seine Bleibe gefunden. Er steigt die ausgetretenen Stufen zur Haustüre hinauf, überlegt, ob auf denselben schon Martin Luther gestiegen ist oder inzwischen neue Steine gelegt wurden. Auch die schönen Fassetten im Türrahmen stammen wahrscheinlich aus dem 16. Jahrhundert. Hinter einem kühlen Vorraum betritt er sein behagliches Arbeitszimmer, dort zündet er sich eine Pfeife an und hat seinen Sonntag. Aber über dem liegt ein Schatten von der hässlichen Szene, die er an der hohen Kirchenpforte erlebt hat. Er grübelt seiner Predigt nach, die bei einigen Ältesten Anlass zu heftiger Empörung war. Mit sich allein, denkt er gern laut: Was war so sehr anstößig, als ich verlangte: Wir sollten weniger an Jesus glauben, sondern mehr wie er – Glaube ohne Beweise.

Er greift zur Bibel, blättert, liest: „Es ist aber der Glaube eine feste Zuversicht ..."

Das Telefon unterbricht. Gottfried Bräsig, erregter Wortführer der empörten Ältesten, meldet sich: „Sie erinnern sich an unser Gespräch nach dem Gottesdienst? Also ich denke, es ist eine Sondersitzung nötig."

Ein Gespräch war das wohl kaum, denkt der Pfarrer. Er wartet, so lässt er den Anrufer kommen.

„Da bleibt Ihnen nichts anderes übrig", poltert der, „möglichst noch diese Woche."

„Tut mir Leid", Nieburg überblickt seine Woche, „ich habe keinen Abend frei."

„Wie wäre es am Freitag, da wird doch nie was anberaumt.“ Der Vorsitzende des Gemeindekirchenrates kennt des Pfarrers Dienstkalender.
„Freitag“, überlegt der, „nein, da gehen wir in die Oper.“
„Oper“, wiederholt Bräsig mit fast drohendem Unterton so, als stünde dem Pfarrer nicht zu, mit solchem privaten Vorhaben abzulehnen. „Na, schön“, meint er abschließend, „ich werde mich mal umhören, wie andere das sehen.“ Er legt mit einem Grunzen auf, das sowohl Tschüss als auch gar nichts sagt.
Nieburg greift wieder zur Bibel, liest in dem bereits begonnenen Text: „Es ist aber der Glaube eine feste Zuversicht auf das, was man hofft, und ein Nichtzweifeln an dem, was man nicht sieht.“
Nicht zweifeln, grübelt er nun erst recht. Aber ich zweifle! Mein Kopf glaubt nicht, zumindest nicht viel. Nur mein Herz weiß Bescheid! Das ist meine Zuversicht. Beweise brauche ich dafür nicht. Wer wäre ich denn ohne Gott? Ein Waisenkind ohne Mutter und Vater. Mit diesem Trost denkt er über den Anruf nach, findet: Gerade unter den Ältesten der Gemeinde sind solche, die den unsichtbaren Gott nicht aushalten, sich deshalb lieber an den allzu sichtbaren Pfarrer halten. Woher sonst der Hass in Bräsigs Augen an der Kirchentür?
Karin, seine Frau, ruft zum Essen. Während er zu Tisch geht, findet er: So manche, die beweisfrei glauben können, kommen ganz gut ohne Kirche aus.

2.

Unaufhörlicher Regen schlägt über die Kämme des Erzgebirges nach Sachsen und Thüringen, flutet Bäche zu reißenden Flüssen. Auch der große Fluss an der kleinen

Stadt Hartenberg schwillt. Noch hat er nicht Wiesen und Auen überschwemmt. Aber weiter unten im Süden sammelt er seine Wasser, steigt aus seinem Bett, erreicht in wenigen Stunden Ortschaften und frisst sich in die Häuser. Eines Nachts stehen die Häuser dortiger Bewohner plötzlich im Wasser. Im Fernsehen ist zu sehen: Menschen müssen von Dächern gerettet werden.
Noch ist der Himmel nicht zu den Einwohnern der alten Stadt gekommen. Drohend hängt er über den Häusern, verdüstert die Gassen. Man schließt die Türen, sieht im Fernsehen Bilder vom Hochwasser – und wohnt doch am selben Strom.

3.

Klaus-Dieter Steinlein empörte sich mit Gottfried Bräsig über die Predigt von Johannes Nieburg. Lange schon grübelt er, wie dieser Pfarrer vertrieben werden kann. Darin ist er sich mit seiner Frau einig, vielleicht nur darin. Gemeinsam halten sie zum früheren Pfarrer, den sie oft in einem kleinen Dorf besuchen. Von hier vertrieben, ist der beschuldigt, in die Kasse gegriffen zu haben. Für Steinlein ist das nicht bewiesen.
Den jetzigen Pfarrer mag er nicht. Der spricht, obwohl kein Mensch das hören will, über das, was er denkt und glaubt. Nicht sein, sondern das Bekenntnis der Kirche hat er zu sagen, erregt sich Steinlein. Ihn empört, dass nicht der alte Pfarrer auf der Kanzel steht.

4.

Die Klingel schnarrt in einem heftigen Intervall. Welsecke weiß schon, da kommt jemand, der etwas von ihm

will. Die Leute, die ins Büro wollen, klingeln kurz und amtlich. Er hat die alte Klingel behalten, die nicht mit handelsüblichem Gong oder sanftem Summen freundlich Besuch ankündigt. Das Schnarren sagt ihm mehr.
Er hört Frau Wagners schweren Gang, der von einem Fuß gezogen, vom anderen gebremst ist. Er weiß, sie wird zuverlässig unnötigen Besuch abwehren.
Während Frau Wagner die Tür erreicht und dort verhandelt, greift er wieder zum Buch. Aber plötzlich sind außer ihren schweren Tritten rasche Schritte zu hören. Da hat es jemand eilig. Er klappt sein Buch zu, wendet sich zur Tür. Es klopft leise, zugleich kommt Frau Wagner herein: „Es ist Herr Nieburg, Herr Pfarrer, er sagt ..."
„Ist schon gut! Komm herein, Othello, was treibt dich so früh zu mir?"
Der als Othello begrüßte Gast nimmt rasch das Zimmer ein. Obwohl evangelischer Pfarrer der Stadt, ist er für Frau Wagner nur ein Herr Nieburg, keinesfalls Pfarrer. Dieser Titel gebührt selbstverständlich nur dem katholischen. Der nennt den Gast Othello, seit dieser bei einem gemeinsamen Ausflug „Othello weit, o Höhen ..." gesungen hatte. Damals kamen sich die beiden Kollegen näher.
„Hubertus, ich muss mit dir reden!"
Hubertus, kräftig und gemütvoll, heißt eigentlich Hubert, aber er lässt sich gelassen als Schutzpatron der Jagd ansprechen. Während sich Nieburg in einen angebotenen Sessel fallen lässt, fragt Welsecke: „Hast du wieder Ärger mit deiner Gemeinde?"
„Ja, Bräsig, mein Vorsitzender, hat mir gedroht."
„Erzähle."
„Ich hatte gestern über den ‚ungläubigen Thomas' zu predigen. Dabei war ich manchem nicht fromm genug."
„So wie Thomas ..."

„Ja.“ Er lacht. „Ich forderte auf, weniger an, mehr wie Jesus zu glauben.“
„Da liegst du nicht falsch“, räumt Hubert ein, „sagt doch Jesus: Ich bin der Weg. Er sagt nicht: Ich bin das Ziel.“ Dennoch ist ihm nicht wohl bei der Sache, er gibt zu bedenken: „Ob das aber klug war, wie du gesprochen hast?“
„Du hättest das nicht gesagt.“
„Nein, weil ich nicht unabhängig bin. Lass dir ein Beispiel erzählen.“ Welsecke setzt sich auch in einen Sessel, so kann er seine Geschichte in Augenhöhe anbieten: „Der junge Theologe William Emerson erlitt Anfang des 19. Jahrhunderts eine religiöse Krise, darin begehrte er, die von ihm gefundene Wahrheit öffentlich zu verkünden. Mit dieser Haltung reiste er zu dem Freigeist Goethe, fragte, was er tun solle. Goethe, der meist öffentlich sagte, was er dachte, riet ihm, er solle brav das predigen, was man von ihm erwartet, und niemand mit seinen Zweifeln behelligen. Goethe hatte erkannt, Emerson ist nicht unabhängig genug, um frei seine Meinung sagen zu können.“
„Und das hat Emerson gemacht?“
„Nein. Er studierte Rechtswissenschaften und wurde ein anerkannter Jurist.“
Die beiden Theologen schweigen eine Weile. Dann legt plötzlich der katholische Freund begütigend seine Hand auf den Arm des Besuchers, dabei lädt er ein: „Komm, wir genehmigen uns einen.“ Er steht auf, gießt Cognac in zwei Gläser ein. Während sich die beiden zuprosten, meint Hubertus: „Man muss nicht alles sagen, was man weiß.“

5.

„Meinen Sie den Bulli II?"

„Ja, so heißt er wohl."

Einen Moment bleibt es still in der Leitung. Dann ist wieder der Meister von der VW-Werkstatt zu hören: „Sie müssen schon wissen, wie Ihr Auto heißt."

„Es handelt sich nicht um mein Auto, sondern um das von einem Freund." Die Stimme klingt jetzt überzeugt: „Aber Typ II heißt es, so wurde mir gesagt."

„Diese Typen sind selten." Wieder stockt das Gespräch. „Wollen Sie den Wagen reparieren lassen?"

„Nein, das nicht." Nach einer Denkpause wird umständlich erklärt: „Es geht nur darum, wissen Sie, ich soll für einen Freund den Wagen abholen und ... möchte wissen, ob es bei diesem Bulli besondere Schwierigkeiten gibt."

„Kann Ihnen Ihr Freund die nicht zeigen?"

„Das geht nicht, der ist verreist und ... ich kann ihn nicht erreichen."

Der Meister denkt nach, meint dann: „Schwierigkeiten gibt's beim Anlassen, besonders die älteren Modelle haben da mitunter Macken."

„Und ... was ist zu tun, wenn er nicht anspringt?"

„Unten an der Hinterachse befindet sich der Magnetschalter, den muss man dann kurzschließen, anders kann das Schwungrad nicht in Gang kommen", erklärt der Meister. Wieder braucht er Zeit zum Nachdenken, um dann noch hinzuzufügen: „Wenn Sie Pech haben, erwischen Sie einen, der überhaupt nicht anders angelassen werden kann – ohne das Kurzschließen erzeugt da der Zündschlüssel nur ein Klicken, sonst gar nichts."

„Gut, und ... danke!" Der Hörer wird aufgelegt.

6.

Ein Morgen wie trübe Nachmittage im November. Wer nicht hinaus muss, bleibt zu Hause.

Am Mittag, kaum hat die Rathausuhr den letzten Schlag getan, frisst der Himmel die Erde. Regen, noch nie so gefallen, klatscht in die wehrlose Stadt. Ihre engen Gassen überfluten, erleichtern sich am alten Markt; dort sammeln sich die Wasser, drängen in die Mittelstraße, strömen hinab zum Hohen Ufer. Hier stürzt der Regen in den Fluss. Doch der ergibt sich nicht. Er steht auf, steigt ans Land. Das geht bald unter Wasser. Unaufhaltsam tränkt der Himmel die Stadt, fließt durch Straßen zum Fluss und steigt von dort herauf. Die Einwohner wissen nicht mehr, wo oben und unten ist.

Einen Tag und eine Nacht geht das so. Die Altstadt auf dem Felsen füllen Regengüsse, der Fluss steigt zu ihr nicht auf. Anders die Unterstadt, hier stehen schon Häuser im See, der bis zum Horizont greift. Rettungsdienste, seit der Nacht tätig, holen Menschen von Dächern. Neugierige brechen zur neuen Landschaft auf, drängen sich auf dem Altstadtfelsen und blicken erstaunt aufs Meer.

Nieburg begrüßt Annerose Fischer an der Kirchentür. Er hält einen Moment ihre Hand fest, betrachtet ihre öligen Finger. „Sie waren heute schon unterm Bulli?“

Sie zieht die Hand zurück, erklärt: „Der Anlasser ist die Schwachstelle. Ich bin schon fast gewöhnt, unter die Hinterachse zu kriechen.“ Er mag die energische Frau, die sich in praktischen Dingen zu helfen weiß; oft wusste sie schon Rat, wenn er Lösungen suchte. „Na“, sie blickt die leere Gasse hinunter, „heute werden wohl nur wenige hierher kommen.“

„Ja“, erwidert Nieburg, „man unternimmt lieber einen Ausflug zum Meer.“

Sie gehen in die Kirche, hier steckt Annerose Fischer die Lieder an.
Plötzlich wird die Tür aufgerissen. Die Kirchenältesten Gottfried Bräsig und Reinhard Thiele treten ein. Sie brauchen eine Weile, ehe sich ihre Augen an den dunklen Raum gewöhnen. Sie suchen Nieburg. Kaum hat Bräsig ihn entdeckt, streckt er seinen Arm aus und ruft: „Da ist er!"
Johannes Nieburg, der ihre Feindschaft spürt, erwartet sie am Altar. Von bunter Fensterscheibe gebrochen, versucht dort ein Sonnenstrahl Licht auf ihn zu werfen. Wie ein Heiligenschein, denkt Annerose Fischer, deren Augen zwischen dem wartenden Pfarrer und den beiden Männern hin und her wandern.
Bräsig spricht als Erster: „Die Ältesten fordern für morgen eine Sondersitzung!"
„Guten Morgen", antwortet Nieburg so selbstverständlich, als sei er begrüßt worden. Dann fragt er: „Welche Ältesten fordern die?"
Thiele zählt auf: „Bräsig und ich und ..." Er stockt. Nach der Ankündigung müssten jetzt zehn Mitglieder aufgezählt werden, aber eine Älteste ist schon in der Kirche, die weiß von dem Plan nichts. Neugierig ist Annerose Fischer näher gekommen, fragt: „Und wer noch?"
„Steinlein", berichtet Thiele verlegen.
„Andere waren letzten Sonntag nicht in der Kirche", fügt Bräsig hinzu, „die müssen noch informiert ..."
Nieburg unterbricht, wendet sich an Thiele: „Sie waren auch nicht hier." Er will keinen Streit, zumal gerade Besucher hereinkommen. „Na gut", räumt er ein, „ich bin einverstanden. Ab 19 Uhr halte ich mich morgen im Sitzungsraum auf. Einladen werde ich nicht. Wer dann mit mir reden will, der möge reden." Er wendet sich wieder dem Altar zu und bereitet seinen Dienst vor.

7.
Am Montagmorgen fahren Lautsprecherwagen durch die Straßen, kündigen einen Dammbruch im Süden der Stadt an und werben um freiwillige Helfer. Soldaten der Bundeswehr sind schon dort, aber die schaffen die Arbeit nicht allein. Sandsäcke sind zu füllen und zum Deich zu tragen.
Viele folgen dem Aufruf. Der Fluss drückt durch den nassen Deich. Zwar lässt die Strömung schon nach, aber es heißt, mindestens einen halben Meter werde der Wasserstand noch steigen. Steigt er mehr, ist der Damm nicht zu halten.
Nieburg trifft dort viele, die er kennt. Reinhard Thiele lädt sich von Frauen gefüllte Sandsäcke auf. Nieburg geht an seiner Seite. Einer legt dem andern die Last auf. Thiele redet wie meist viel, aber er arbeitet auch tüchtig. Annerose Fischer nickt ihm kurz zu. An einem anderen Fahrzeug sieht er Hubert. Er freut sich, dass auch der Ältere sich nicht schont. Schwer ist die Arbeit und muss rasch getan werden.

Am Abend treffen sich nur wenige mit Pfarrer Nieburg im Sitzungsraum: Außer den dreien, die eine Sondersitzung verlangten, sind Annerose Fischer und Gerhard Schneider, ältester der kleinen Gruppe, gekommen. Deutlich ist zu sehen, wer den Tag über gegen die Flut gekämpft und gesiegt hat. Diese drei sind erschöpft und zugleich zufrieden. Ein Gewinn, der das Treffen abkürzt.
Nieburg erklärt: „Ich denke, der Tag war lang. Wer etwas sagen will, soll sprechen."
„Nun ja, also – auch Superintendent Kleinert meint", beginnt Steinlein, „es ist nicht in Ordnung, was Sie am vorletzten Sonntag gesagt haben. Sie haben da was ver-

tauscht“, triumphiert er, „so wie es im Gesangbuch heißt: Es war ein wunderlicher Tausch!“
„Was habe ich vertauscht?“, fragt Nieburg.
„Sie sagten“, behauptet Steinlein, „wir sollen nicht mehr an Jesus glauben.“
„Das hätte ich gesagt?“ Nieburg staunt.
Bräsig bestätigt: „Ja, so ungefähr haben Sie es gesagt.“
„Nein, das sagte ich nicht. Sie haben so gesprochen, wie mir Herr Kleinert berichtete.“
„Was haben Sie denn nun wirklich auf der Kanzel gepredigt?“, fragt Schneider.
„Wir sollten weniger an Jesus und mehr wie er glauben“, zitiert Nieburg.
„Na, so ist es doch“, wirft Annerose Fischer ein.
„Das sagt mein Vorgesetzter auch“, bestätigt Nieburg.
Steinlein, der um den Erfolg der Beschwerde bangt, erregt sich: „In unserem Glaubensbekenntnis steht aber: Ich glaube an Jesus Christus. Unser Pfarrer will anscheinend nicht glauben ...“
„... und Sie nichts tun“, greift jetzt Annerose Fischer an.
Steinlein, rot im Zorn, zischt: „Was wollen Sie damit sagen?“
„Nun, manchmal ist Glaube auch Tat. Zum Beispiel heute am Deich.“
„Ich hatte keine Zeit“, verteidigt sich Steinlein.
„Ach“, wundert sich Annerose Fischer, „ich dachte, Sie haben keine Arbeit!“
„Niemand sollte dem anderen etwas unterstellen“, fällt Nieburg ihr ins Wort. „Ich denke: Jetzt ist gesagt, was zu sagen war. Wer damit nicht zufrieden ist, kann sich höheren Ortes beschweren.“ Er steht auf, verabschiedet sich.

8.

Die Sonne ist untergegangen. Der Junge radelt die lange dunkle Straße entlang, pendelt zwischen Bäumen und Graben. Ich fahre mit meinem Kahn im dunklen Kanal, träumt er und dümpelt nach beiden Seiten. Im blassen Kegel seiner Fahrradlampe begrenzen ihn links Schilfrohr, rechts Büsche. Er bleibt in seiner Fahrrinne.

Plötzlich zwei Augen, nicht grell, aber zwingend. Er verlässt die Mittelspur. Kaum ist er am Rand, beißt ihn Fernlicht, die Straße wird weiß. Er springt geblendet vom Rad, schützt seine Augen mit der Hand. Jetzt sieht er zwei winkende Arme, hört einen Schrei, dann einen Schlag. Etwas, gleich einer großen Puppe, fliegt davon.

Das grelle Licht springt auf ihn zu, packt ihn und rast dann vorbei. Er blickt dem Transporter nach. Wer darin saß, hat er nicht sehen können. Aus Abend ist Nacht geworden. Sturm peitscht die Bäume.

Im Sturm

1.
Die Kommissarin, Magdalena Jäger, ist neu in der Stadt, die sternförmig ihre Straßen wie Arme ihr entgegenstreckt. Hier wird sie eine Weile zubringen müssen. Und über der Stadt grüßt sie schon vom Weiten das Schloss: Schön ist es und geheimnisvoll.
Als sie der Leiter des LKA beauftragte, das regionale Morddezernat für Nordsachsen aufzubauen, zögerte sie nicht. Hans hatte ihr noch nie etwas zugemutet, dem sie nicht gewachsen gewesen wäre. Er ist ihr väterlicher Freund, von dem sie viel lernte; auch dies: Am besten ist eine Arbeit, die geistig herausfordert, bei der man aber Bodenhaftung behält. Als eine solche Mischung von Theorie und Praxis erscheint ihr die neue Aufgabe. Sie wird zwar den Titel Hauptkommissarin im Landeskriminalamt zurücklassen, aber nicht ihren Besitzstand. Ihre Zukunft erscheint ihr wie ein Abenteuer.
„Wo werde ich dich erreichen?“, hatte Hans gefragt, ehe sie in ihr neues Arbeitsfeld aufbrach.
„Ich denke“, hatte sie entgegnet, „erst einmal in Hartenberg. Ich mag die alte Stadt. Dort nehme ich ein Zimmer, die Wohnung hier in der Stadt behalte ich noch.“
„In Hartenberg wirst du Inspektor Jens Müller kennenlernen, ich glaube, der wird dir gefallen.“
Sie hatte für den Hinweis gedankt und bald erfahren, wie sehr Hans Recht damit hat. Sie findet Müller am Tage ihrer Anreise in der Wache im Ratshof. Mit offenem Blick und festem Händedruck tritt er ihr entgegen. Er erweist

sich sofort als tüchtiger Praktiker, der ihr einen freien Dienstraum zeigt und sie sofort auf eine Wirtin mit schönem Zimmer hinweist, eine Bleibe, die sie annimmt und lange behält – genauso wie die gute Meinung von diesem Inspektor: Ihr erster Eindruck bleibt der richtige.
Schon am ersten Tage in neuer Funktion beginnt ihr erster Fall.

2.

„Es hat geklingelt! Gehst du mal zur Tür?", ruft Martin Fischer aus seinem Arbeitszimmer ins Haus, in dem er irgendwo seine Tochter Claudia vermutet.
„Okay!" Sie antwortet aus der Küche. Er hört das Klappern ihrer Latschen auf Steinfließen. Sofort vertieft er sich wieder in sein Computerprogramm. Plötzlich steht Claudia hinter ihm, sagt: „Du, es ist was mit Mama!" Er dreht sich um, sieht in der Tür einen Polizisten stehen. Verwundert springt er auf, geht auf den Mann zu, fragt: „Was gibt's?"
„Ihre Frau hatte einen Unfall", erklärt der Beamte. „Sie wurde ins Krankenhaus gebracht."
Fischer strafft sich. „Meine Frau?"
„Sie lebt. Soviel ich weiß, ist sie noch bewusstlos."
„War sie denn mit dem Bulli unterwegs?"
„Mit dem Bulli?" Der Polizist versteht nicht.
„Mit unserem VW-Transporter", erklärt Fischer.
„Sie fuhr nicht mit einem Kraftwagen, sie ging zu Fuß."
„Wo war das?"
„In der Nähe der Gärtnerei."
„Unserer Gärtnerei." Martin Fischer geht an dem Polizisten vorbei. Auf dem Flur greift er seine Jacke. Dabei erklärt er entschieden: „Ich fahre ins Krankenhaus!"

Ein Bewegungsmelder erhellt die Einfahrt, sie blicken beide auf den dort stehenden Transporter. Der Beamte fragt: „Ist das der Bulli?“
„Ja, das ist er.“
Sie betrachten die Front des Wagens. Die Stoßstange hängt herunter, der rechte Kotflügel ist verbeult. „Was ist denn das?“, fragt Fischer verblüfft.
„Ein ziemlich frischer Schaden!“ Der Polizist bückt sich, untersucht sorgfältig die Beschädigungen. Danach richtet er sich auf, geht um das Fahrzeug herum, prüft die Temperatur des Motors. „Der ist gerade gefahren worden“, stellt er sachlich fest. Er blickt den Besitzer an, fragt: „Können Sie das erklären?“
„Nein, überhaupt nicht!“ Fischer dreht sich zu Claudia um, die an der Tür stehen geblieben ist: „Bist du mit dem Bulli gefahren?“
Sie schüttelt den Kopf.
Der Polizist wendet sich an beide: „Sie verlassen bitte das Haus nicht!“ Er greift sein Handy, ruft die Dienststelle an.

3.

Sturm peitscht das Buschwerk. Claudia unterdrückt ihre Ängste, während sie durch den nachtschwarzen Wald schleicht. Sie will sehen, wo das Unglück geschehen ist. Gerade hat sie ihren Freund angerufen. Ihm vertraut sie. Marcus ist der Sohn des Pfarrers. Seit zwei Monaten sind sie befreundet. Er wird im Krankenhaus nachforschen, wie es ihrer Mutter geht.
Hinter dem Regenvorhang glimmen Lichter. Da muss die Unfallstelle sein. Dicht am Waldrand geht sie gebückt hinter Büschen zum Tatort, sieht Polizisten geschäftig hin und her laufen. Sie will nicht gesehen werden. Ent-

gegen der Weisung des Beamten, hat sie in ihrem Zimmer Handy und Regenumhang geholt und ist aus dem Fenster gestiegen. Hinter dem Grundstück schlägt sie sich in die Büsche und folgt einem Pfad bis zur Landstraße. Hier war wahrscheinlich auch ihre Mutter entlanggegangen, die Gärtnerei für die Nacht zu versorgen – wie jeden Abend. Gerade hat sie gute Deckung gefunden, da klingelt ihr Handy. Nur kurz überlegt sie, ob sie die Sperre drücken oder den Anruf annehmen will. Ihr Verlangen, Nachricht von Marcus zu kriegen, besiegt alle Vorsicht. Er ist es. Mehr als Ja und Nein sagt sie nicht, hört, dass er nicht viel erfahren konnte, man habe ihn als Fremden abgewiesen, aber wie es scheint, ist die Verunglückte noch nicht aufgewacht.
Während sie noch auf die Botschaft von Marcus horcht, sieht sie ihrem Gesicht gegenüber im dunklen Unterholz plötzlich einen weißen Fleck. Barsch fragt von dort eine Männerstimme: „Was machen Sie da?" Sie lässt das Handy fallen, stottert: „Ich ... bin die Tochter."

4.

Das Haus, auf das sie zusteuert, muss ursprünglich ein typisch märkisches gewesen sein: schmalbrüstig und spitzgieblig mit angedeutetem Tonnengewölbe. Aber hier wurde zu viel angebaut, um noch erkennen zu können, wie der Bau ursprünglich gemeint war. Mehr breit als hoch erinnert er an ein lang hingeschlagenes Hochhaus. Schade, denkt sie, viel Geschmack scheint hier nicht zu wohnen. Sie wendet sich an Hauptwachmeister Schmidt, der vor dem Haus auf sie wartet: „Gehen wir hinein!" Sie klingelt. Ein Mann in blauen Jeans und gestreiftem Hemd öffnet, anscheinend der Besitzer. Sie schätzt ihn auf Ende 40.

„Guten Abend, Herr Fischer?“
„Ja. Was wollen Sie?“ Sein Gesicht ist abweisend, fast aggressiv.
„Jäger“, sagt sie, „Kriminalpolizei.“ Sie weist sich aus. „Dürfen wir reinkommen?“
Er geht voran, führt sie zu seinem Arbeitszimmer. Sie blickt in offene Türen, staunt, wie klar und geschmackvoll das Haus eingerichtet ist. Auch im Arbeitszimmer ist das so. Zwar liegen auf Stühlen und auf dem Boden Stöße von Papieren, auch aufgeschlagene Aktenordner, aber helle Holzmöbel und Gardinen aus Naturleinen laden ein. Fischer befreit zwei hölzerne Sessel von Akten, seine Einladung ist eher ein Befehl: „Bitte, setzen Sie sich!“ Er hockt sich gegenüber auf einen Drehstuhl vor den Computer.
„Herr Fischer“, beginnt die Kommissarin, „wir haben mit Ihrer Frau noch nicht gesprochen.“ Sie lässt bewusst offen, ob das nicht möglich oder noch nicht gewollt ist. „Sie wissen, es geht ihr nicht gut?“
„Ja“, erwidert er gereizt. „Am Telefon wurde mir gesagt, ich dürfe sie noch nicht besuchen.“
„Ich bitte um Ihr Verständnis, dass wir Sie zunächst bitten müssen, im Haus zu bleiben“, erklärt die Kommissarin. „So wie die Dinge liegen, wollen wir zuerst mit Ihnen und Ihrer Tochter reden. Wo ist Ihre Tochter?“
„Im Haus, wo sonst?“ Er sieht sie erstaunt an.
„Würden Sie sie bitte rufen?“
Martin Fischer steht auf, öffnet die Tür, ruft: „Claudia!“ Nach einer Weile ruft er lauter: „Claudia, komm bitte mal!“ Es bleibt still im Haus. „Seltsam“, sagt er, „sie ist, soviel ich weiß, nicht fortgegangen.“
Der Polizist räuspert sich. „Ich hatte Sie beide aufgefordert, zu Hause zu bleiben!“

Die Kommissarin bittet Hauptwachmeister Krüger, nach Claudia zu suchen, dann wendet sie sich an Fischer: „Reden wir zunächst allein: Wo waren Sie heute zwischen 20 und 21 Uhr?“ Martin Fischer erklärt, er habe in seinem Arbeitszimmer gesessen, habe an der Monatsabrechnung gearbeitet. Seine Frau störte ihn dabei nie. Irgendwann hörte er, wie eine Tür ging, das war etwa viertel nach acht. Das wisse er so genau, weil sie immer nach der Tagesschau zur Gärtnerei gehe, um dort die Schaltuhren in den Gewächshäusern zu kontrollieren und abzuschließen. Claudia habe er im Hause öfter singen gehört. Mit dem Bulli sei er nicht gefahren. Wie die Schadstellen an das Fahrzeug gekommen sind, wisse er nicht.
„Ich muss Sie auffordern, die Stadt nicht zu verlassen, Sie müssen sich für weitere Fragen zur Verfügung halten“, erklärt Magdalena Jäger. Nach einer Weile fragt sie: „Beschäftigen Sie Mitarbeiter in Ihrer Gärtnerei?“
„Ja“, antwortet Fischer, „Frau Richter im Verkauf und Herrn Krüger in der Baumschule.“
„Sie vertrauen beiden?“
„Frau Richter unbedingt! Als mein Vater die Gärtnerei leitete, war sie schon als zuverlässig und tüchtig geschätzt. Herr Krüger ist erst seit ...“ – er überlegt – „seit etwa sechs Wochen bei uns. Was ich ihm auftrage, das tut er, sonst kann ich über ihn nichts sagen.“
Das Handy der Kommissarin klingelt. Sie hört zu, fordert dann: „Bringt sie her!“ Nach dem Anruf berichtet sie: „Claudia wurde nahe der Unfallstelle aufgegriffen.“ Martin Fischer ist erschrocken und zeigt Staunen.

5.

Am selben Abend entlässt Hubertus schon bald nach dem Essen seine Haushälterin. Othello kommt zu ihm. Einmal im Monat trinken sie Messwein. Der ist nicht gewandelt, weiß Johannes. Bei Hubertus gibt es Moselwein. An solchen Feierabenden sind sie nicht Pfarrer, sondern Freunde; miteinander genießen und reden sie.
„Wie war dein Gespräch mit den Ältesten?“, fragt Hubert und stößt mit Johannes an.
„Es war kurz und klar“, erwidert Johannes.
„Wirklich alles klar?“ Hubert zweifelt.
„Nun ja, ich habe meine Aussage wiederholt. Mehr war nicht.“
Hubert schweigt, steht plötzlich auf, holt Marzipanbrote. Das kennt Johannes schon: Wenn der anfängt zu grübeln, muss er etwas mit den Händen tun. Hubert setzt sich, bricht ein Stück Marzipan ab, knetet es in seinen großen Händen. An ihm ist alles zu groß, schwer und derb, aber gemütvoll.
„Othello“, er zögert, hält im Kneten inne, setzt neu an: „Du hast es mit Leuten zu tun, die nicht ehrlich sagen, was sie meinen. Vielleicht sind die sogar gefährlich.“
„Ach was“, erwidert Johannes heiter, dem der Wein schmeckt.
Hubert schenkt nach, dabei sagt er: „Mach es dir nicht zu leicht.“
„Was ist schon leicht!“ Johannes erinnert sich an ein Erlebnis: „Stell dir vor, heute sprach ich mit Konfirmanden über die Opferung Isaaks. Ich erzählte: Abraham glaubte, er müsse den Sohn seinem Gott opfern. Aber die Gottheit begnügte sich mit einem Tieropfer. So wurde in der Religionsgeschichte das Menschenopfer durch ein Tieropfer abgelöst.“

„Na, großartig", erwidert Hubert sarkastisch, „das haben deine Konfirmanden verstanden?"
„Aber, ja. Einer sagte sofort: Und bei der Hinrichtung von Jesus am Kreuz hat Gott das Menschenopfer wieder eingeführt!"
Hubert ist ratlos. Nach einer Weile fragt er: „Und was hast du darauf gesagt?"
„Nichts", antwortet Johannes. „Was hätte ich denn sagen sollen?"
„Ich weiß nicht." Hubert bleibt ratlos. Er gießt neuen Wein ein, denkt dabei laut: „Vielleicht", er setzt die Flasche ab, „hätte ich gesagt: Darüber reden wir in der nächsten Stunde." Gequält knetet er sein Marzipan, dabei grübelt er: Dieser Othello zieht immer Probleme auf sich ...

6.

Der Sturm hat die Regenwolken vertrieben. An den Flussufern trocknet Schlamm. Sogar die überschwemmten Auen entlassen ihr Hochwasser in den Fluss. Die Stadt atmet auf, ihre Einwohner reinigen Straßen und schaffen Ordnung. Bald sind Marktplatz und angrenzende Straßen geräumt und gereinigt. Die über Kopfsteinpflaster sich wölbenden Renaissancehäuser räkeln sich mit ihren farbenfrohen Fassaden im neuen Licht. Cafés öffnen, Tische, nach draußen gestellt, grüßen mit frischen Blumen. Und das Glockenspiel am Rathaus weiß nicht mehr anderes, als immer nur Treu und Redlichkeit zu üben.
Johannes Nieburg lässt sich auf seinem Weg durch die Stadt von der Sonne wärmen. Er kommt aus dem Krankenhaus. Dort hatte er mit Martin Fischer an der Glasscheibe zum Intensivraum gestanden, in dem, noch immer nicht erwacht, Annerose Fischer liegt. Beide starrten

auf die Reglose, wartend auf ein Lebenszeichen, zugleich in der Sorge, ein solches Zeichen werde nie mehr kommen.
Martin Fischer berichtete seinem Pfarrer von einem Gespräch mit dem Chefarzt, bei dem dieser gesagt habe, niemand könne wissen, wann die Verletzte aus dem Koma erwache. Es könne in ein paar Tagen so weit sein oder auch erst in Wochen oder nie mehr. Nieburg weiß, Fischer ist ein besonnener Mann, der nicht zu Turbulenzen neigt. Aber jetzt ist ihm aller Frieden jäh zerstört: Die Frau in Todesgefahr und er zusammen mit der Tochter verdächtigt ...
„Und wie kommt Claudia zurecht?“, hatte Nieburg gefragt. Fischer zuckte die Achseln, sagte nur: „Gar nicht.“ Darauf versprach der Pfarrer, Kontakt zu einer Psychologin aufzunehmen.
Auf dem Markt hält Johannes Nieburg vor einem Blumenladen an. Vor der Tür steht ein Busch Anemonen. Die liebt seine Frau. In den Blumen sieht er ein Zeichen dafür, wie kostbar und wie gefährdet Beziehungen sind. Er lässt sich einen besonders schönen Strauß binden.
Während er die Tür öffnet, riecht er den Braten. „Nanu“, er begrüßt seine Frau, „du hast wohl ein Festessen bereitet?“
„Du hast doch auch Blumen mitgebracht“, erwidert sie lachend.
Erst jetzt weiß er: Heute ist Hochzeitstag.

7.

Claudia Fischer hat nicht geschlafen. Sie war wieder und wieder hin und her gegangen, hatte lange am Fenster gestanden und in die stürmische Nacht geblickt. Bis zum

Morgen grübelt sie: Woher kannte der Täter die Gewohnheiten meiner Mutter? Wie konnte der sie zu einem genau gekannten Zeitpunkt zwischen Wohnung und Gärtnerei abpassen? Wer sagte ihm, wie der Bulli anspringt und dass die Einfahrt vom Hause aus nicht gesehen werden kann? Und wie gerissen der ist, den Verdacht auf mich und meinen Vater zu lenken. Wir waren im Hause und haben dafür keine Zeugen. Ihre Gedanken kreisen. Einen Verkehrsunfall, womöglich die Tat eines Betrunkenen, schließt sie aus – die Tat war geplant.

Hatte Mutter Feinde? Zwar spricht sie offen aus, was sie gerade denkt, so polarisiert sie, aber deshalb wird ein Mensch doch nicht umgebracht ... Wieder sieht sie aus dem Fenster. Der Wind hat sich gelegt, der Garten ruht aus. Welch eine schöne Welt. Aber irgendwo da draußen geht der Täter. Sie fürchtet: Sein Geheimnis verbirgt der nicht in der Ferne, sondern in ihrer Nähe.

Es klopft. Sie steht von ihrem Bett auf, öffnet. Es ist ihr Vater, der ihr mitteilt: Eine Psychologin habe angerufen, sie wäre zu einem Gespräch bereit. Er fragt: „Willst du mal mit ihr reden?“

„Das habe ich doch schon mit der Kommissarin getan, wie du weißt.“

„Ja, aber manchmal tut es gut“, wirbt er, „wenn ein völlig unbeteiligter Mensch zuhört.“

„Na, gut. Du kannst mir ja die Telefonnummer geben.“

8.

Er klopft an, zugleich öffnet er die Tür, fragt: „Störe ich?“ Sie blickt den Hereinkommenden freundlich an, der alle anderen auf der Wache an Länge überragt. Dieser lange dünne Inspektor mit dem Bürstenschnitt macht nicht viel

her, aber sein karger Humor erfrischt und seine grauen Augen verraten Feingefühl. Laut fragt sie: „Was gibt's?“
„Das war kein Unfall.“
Sie kennt seine knappe Art noch nicht, die voraussetzungslos mit schnarrender Stimme spricht, immer in der Meinung: Gesprächspartner werden schon wissen, was ihn gerade beschäftigt. Sie blickt mit Erwartung auf: „Sondern?“
„Absicht, schreibt die Spurensicherung.“ Er legt den Bericht auf ihren Schreibtisch. Sie überfliegt ihn. Darin ist von überhöhter Geschwindigkeit die Rede, es habe keine Bremsspur, auch anscheinend kein Ausscheren gegeben. Sie blickt auf, denkt laut: „Aber dann hat sich Frau Fischer auf der Fahrbahn aufgehalten.“
„Weit am linken Rand.“
Sie blättert in der Mappe, findet darin ein Foto vom Bulli und bestätigt: „Ja, der verbeulte Kotflügel ist links“, sie stockt kurz, fährt dann fort, „wenn man davor steht.“
„Sie hat wahrscheinlich Kontakt aufnehmen wollen, es ist schließlich ihr Auto“, meint Jens Müller.
Die Kommissarin öffnet den Tischkasten und holt ein Papier heraus. „Hier steht: Mike Miehe – der Zeuge – hat winkende Arme gesehen. Annerose Fischer nahm also Kontakt auf. Wir müssen jetzt mit allen Leuten aus ihrem Umkreis sprechen. Am besten suchst du zuerst die Mitarbeiter der Gärtnerei auf: Helga Richter und Herbert Krüger. Außerdem brauchen wir eine Liste aller Personen, die Katrin Fischer kennt.“
Er greift in seine Brusttasche, holt einen Zettel heraus, legt ihn vor die Kommissarin: „Hier.“
„Prima, Jens, das nenne ich vorausschauend!“ Sie liest Namen und Adressen, dabei weiß sie: Wir müssen noch mehr Leute befragen, aber mit dieser Liste haben wir beide erst mal mehr als genug zu tun.

„Am besten nehme ich die zweite, du die erste Hälfte." Er zeigt auf einen Anstrich auf dem Zettel.
Sie nickt. „Ich gehe zuerst zum Pfarrer."
„Noch was", Inspektor Müller hält die aufbrechende Magdalena Jäger zurück, „wie mir Fischer sagte, hat der Bulli eine Macke: Man kann ihn nur starten, wenn vorher der Magnetschalter unterm Auto kurzgeschlossen wurde."

9.

Magdalena Jäger steigt vom Fahrrad, geht auf den Mann zu, der gerade die Haustür schließen will. „Sie sehen so aus, als wären Sie der Pfarrer?"
Er betrachtet die sportlich wirkende Frau mit dem herausfordernden Blick, ihr Alter schätzt er auf etwa 45 Jahre. Mit ihrer bestimmenden Art suggeriert sie ihm die Meinung, über ihn Bescheid zu wissen. Sie sieht seine Ratlosigkeit, sagt darauf: „Ich sehe Pfarrern den Pfarrer jeweils an."
„Und woher wissen Sie das?"
„Mein Vater war Pfarrer."
„Ist das so schlimm?" Sein Interesse an der Frau erwacht, zumal ihm ihr Geschmack gefällt: In ihrer blaukarierten Bluse und den grauen Jeans sieht sie ausgesprochen frisch aus.
„Vielleicht." Sie merkt, wenn sie so weiterredet, verrät sie zu viel. Dennoch fährt sie fort: „Pfarrer sind immer im Dienst – nur nicht für die eigene Familie."
„Pastors Kinder, Müllers Vieh ...", räumt der Pfarrer ein.
„Ja, wäre ich kein Pastorskind, wäre ich nicht von Kindern wegen meines Namens gehänselt worden. Ich heiße Magdalena." Sie zeigt ihren Ausweis: „Magdalena Jäger von der Kriminalpolizei."

„Biblische Gestalten treffe ich selten." Er lächelt. Nachdenklich setzt er hinzu: „Auch wir brauchten wie Maria Magdalena jetzt eine Auferstehung."
„Mir würde schon reichen, wenn ich wüsste, wer den Bulli von Familie Fischer gefahren hat." Sie schätzt Tatsachen, also fragt sie: „Wissen Sie, wie man den starten kann?"
„Ja", erwidert Nieburg, „das wissen viele."
„Woher?" Sie sieht ihn erstaunt an.
„Wer immer wollte, konnte zusehen, wie Katrin Fischer das machte – auf der Straße."
„Hat sie Feinde?"
„Feinde?" Er denkt nach. „Nein, vielleicht eher Gegner. Sie ist streitbar."
„Sind Sie mit ihr befreundet?"
„Ich weiß nicht; ich mag sie." Er zögert, als wolle er noch etwas hinzufügen.
„Ja?", ermuntert die Kommissarin.
„Ich bin mit ihr öfter einer Meinung, auch freue ich mich über ihren praktischen Verstand und ihre Tüchtigkeit, sie ist eigenständig und lebendig ..." Jetzt möchte er am liebsten das letzte Wort in den Mund zurückholen, während er an die Ohnmächtige im Krankenhaus denkt.
„Wo waren Sie gestern Abend zwischen 20 und 21 Uhr?"
„Bei meinem katholischen Kollegen."
„Gut, diesen Kollegen werde ich also auch besuchen." Schon im Gehen, fällt ihr plötzlich ein: „Sie gehört zu Ihrem Gemeindekirchenrat?"
„Ja."
„Kann ich eine Liste von Ihren Ältesten haben?"
„Natürlich."

10.

„Guten Tag, Herr Kleinert, ich meine Bruder ..." Nieburg reicht seinem Vorgesetzten die Hand.
„Lassen wir es bei der üblichen Anrede", erwidert der, „ich mag diese kirchliche Brüderei auch nicht. Ein Bruder ist leiblicher Natur und ein Amtsbruder ist ein Unwort."
Die beiden mögen sich. Der Superintendent, ältester Pfarrer des Kirchenkreises, ist trotz seiner gebeugten Körperhaltung ein aufrechter Mann, dessen waches Gesicht von Sorgen gefurcht ist. Er freut sich über den frischen Wind, der durch den kritischen Johannes Nieburg in seine Welt gekommen ist. Zugleich ist er besorgt über die direkte Art, mit der dieser seine Ansichten vorbringt, er vermisst bei ihm oft Rücksicht. Kaum hat Nieburg ihm Platz angeboten, erklärt Werner Kleinert: „Ich wollte mal nach Ihnen sehen, ehe ich mich auf ein Gespräch mit Bräsig und Steinlein einlasse, die sich wieder über Sie beschwerten – heute will ich Sie persönlich anhören. Zunächst: Wie geht es Ihnen mit den Vorwürfen und dem ungeklärten Fall Annerose Fischer?"
„Mit Annerose Fischer geht es mir gar nicht gut", antwortet Nieburg, „zumal sie noch nicht aus dem Koma aufgewacht ist und wir das Schlimmste befürchten müssen."
Eine Weile schweigen sie. Bloße Worte ohne Folgen meiden beide. Unvermittelt berichtet dann der Superintendent von einem Brief, den zwei Älteste ihm geschrieben haben, in dem von wiederholten Irrlehren die Rede ist, die ihr Pfarrer verbreite; zuletzt habe er den Opfertod Jesu Christi am Kreuz bezweifelt. Kleinert fragt: „Was ist daran wahr?"
„Da geht es um eine Unterrichtsstunde, in der ich", berichtet der Pfarrer, „von Abraham und Isaak sprach und

dabei erklärte: Hier wird das Menschenopfer vom Tieropfer abgelöst. Darauf sagte ein Konfirmand: Und seit dem Tod von Jesus am Kreuz ist das Menschenopfer wieder da."
„Ein heller Bursche", wirft Kleinert anerkennend ein.
„Ja", bestätigt Nieburg, „und ich nahm dieses Erlebnis zum Anlass, Eltern und Großeltern zu sagen: Wir müssen die Gedanken unserer Kinder ernst nehmen und uns ihnen stellen, am besten, indem wir miteinander über ihre Zweifel reden. Darauf bot ich ein Seminar über solche Fragen an."
„Das ist ausgesprochen löblich", begrüßt der Superintendent die Vorhaben seines Kollegen. „Ich vermute nur", schränkt er ein, „Sie haben mal wieder eine falsche Verpackung gewählt?"
„Tja, Herr Kleinert", räumt Nieburg ein, „das meint meine Frau auch."
Werner Kleinert steht auf. Zum Abschied sagt er: „Ihre Ansichten finde ich immer wieder erfrischend. Doch sollten Sie achtgeben, dass Sie die Menschen nicht überfordern. Bei zu viel frischem Wind verkühlt sich manch einer."

11.

„Wie war es bei der Psychologin?" Marcus blickt in Claudias übermüdetes Gesicht, während sie sich neben ihn setzt.
„Sie sagt, ich würde mich verfolgt fühlen."
„Stimmt das?" Marcus nimmt ihre Hand.
„Ja, ich glaube, sie hat genau das Richtige gesagt. Letzte Nacht fühlte ich mich wie von Tätern umstellt."
„Und jetzt geht es dir besser?"

„Ja", antwortet Claudia, „seit ich weiß, was mich quält, ist die Angst nicht mehr ganz so schlimm."
Sie schweigen und denken beide das Gleiche: Die Tat zielte auf die Mutter und belastete damit Vater und Tochter. Der Täter hat sein Ziel schon erreicht. Aber wer ist der Täter?
„Wie wäre es", fragt plötzlich Marcus, „wenn wir auf einen Zettel alle Leute aufschreiben, die deine Mutter näher kennen?"
„Eine gute Idee", findet Claudia. Er steht auf, holt Zettel und Stift, sagt: „Am besten, ich schreibe, du sagst die Namen."
Zuerst erinnert sie sich an Angehörige, spricht von Tanten und Onkeln, von Großeltern und Cousins. Die meisten Verwandten wohnen nicht in der Stadt, kommen selten zu Besuch und werden noch seltener besucht, weil die Gärtnerei lange Reisen nicht erlaubt. Weiter nennt sie den Schulfreund Hansi und Petra, eine Kollegin, die beim Landratsamt arbeitet. Zu den beiden fällt ihr nichts weiter ein, wenn die kommen, werden sie von Mutter herzlich begrüßt. Zuletzt erklärt sie: „Die meisten Bekannten hat Mutter in der Kirche."
„Und da wird's schwierig", wirft Marcus ein, „so viel ich mitgekriegt habe, ist sie dort im Gemeindekirchenrat – ein komplizierter Verein."
„Ja, von dem hat sie nie gut gesprochen. Am meisten gehen ihr Bräsig, Steinlein und Thiele auf den Geist."
„Ich schlage vor", erklärt Marcus, „wir nehmen jetzt für jede Person, die deine Mutter kennt und die hier in der Stadt wohnt, einen Zettel, darauf schreiben wir alles, was wir herauskriegen."

Spuren im Sand

1.

In der Matthiaskirche im Ratshof trafen sich vor Einführung der Reformation heimlich hiesige Bettelmönche und sprachen über die Lehren Martin Luthers. Jetzt ist diese Kirche eine Ruine, an der viel gebaut und viel zerstört wurde. In den letzten Jahrhunderten war das Gebäude mal Magazin, später sogar Gefängnis; heute steht es leer, jeder kann in seine offenen Gänge einkehren. Die beiden, die sich hier in der Dunkelheit treffen, begrüßen den einsamen Ort. Was sie zu besprechen haben, soll niemand wissen.

„Ist sie aufgewacht?"

„Ich glaube nicht. Aber Genaueres wollte man mir im Krankenhaus nicht sagen."

„Du warst vorsichtig?"

„Keine Sorge."

Die beiden flüstern. Im feuchten Gewölbe versacken ihre Worte. Sie horchen wachsam auf jedes Geräusch. Keine Maus und kein Vogel würden ihnen entgehen. Der Ort ist klug gewählt: Wer sich der alten Kirche nähert, könnte genauso auch ein anderes Ziel haben; viele Wege der Innenstadt führen an ihr vorbei.

„Dich hat niemand gesehen?"

„Nein, ich bin rechts aus dem Bulli gestiegen, da wo die Hecke steht."

„Gut. Du hast alle Spuren vermieden?"

„Ich habe mich genau an unsere Absprachen gehalten."

„Die bestehen auch weiter, und ... die gelten auch für alle Alibis!"

„Ja, so wie vereinbart."
„Dann ist alles klar. In den nächsten Tagen treffen wir uns am besten gar nicht."
„Wenn es aber etwas Wichtiges gibt?"
„Dann gilt unser Zeichen."
„Okay."
„Du gehst am besten hier raus, ich drüben, ja?"
„Ja, machs gut."
„Machs gut."

2.
Gerlinde Bräsig öffnet leise die Tür, geht zu ihrem Mann, flüstert: „Eine Kommissarin Jäger will dich sprechen."
Bräsig wehrt ab: „Hast du ihr nicht gesagt, dass ich im Gespräch mit dem Superintendenten und mit Steinlein bin?"
„Doch, doch!" Sie ist schüchtern und hilflos. „Die lässt sich nicht wegschicken, sagt: Das wäre passend, wenn sie dazu käme."
Werner Kleinert, der neben Bräsig sitzt, hat zugehört, jetzt wirft er ein: „Vielleicht ist es wirklich passend."
Bräsig wendet sich an Steinlein: „Bist du einverstanden, wenn Kommissarin Jäger kurz hereinkommt?"
Klaus-Dieter Steinlein braust auf: „Aber ich bitte dich, wir haben doch wohl Wichtigeres zu besprechen!"
Kleinert legt ihm beruhigend eine Hand auf den Arm. „Das werden wir nach der kurzen Unterbrechung auch tun."
„Meinetwegen", knurrt Steinlein.
Magdalena Jäger sieht zuerst die Schrankwand, davor schwere Polstersessel auf einem synthetischen Teppich, dann erst die drei Männer. Plüsch! denkt sie und grüßt:

„Guten Tag, die Herren! Ich bin Kommissarin Magdalena Jäger.“ Bräsig steht auf, stellt seine Gäste vor, dann bietet er ihr einen Platz an.
Sofort kommt sie zur Sache: „Ich bin mit dem Fall Annerose Fischer befasst. Sie kennen Annerose Fischer?“
Die Angesprochenen nicken kurz. Sie fragt: „Wissen Sie eigentlich alle drei, wie man den Bulli von Fischers startet?“
„Ist das ein Auto?“, fragt Werner Kleinert irritiert.
Sie blickt die beiden Ältesten an.
Bräsig antwortet zuerst: „Ich kenne den Bulli wie jeder, der die Fischers kennt. Auch habe ich gesehen, wie Frau Fischer, bevor sie losfährt, unter den Wagen kriecht. Aber das wissen sehr viele Leute. Näheres weiß ich nicht.“
„Ich auch nicht“, fügt Steinlein hinzu.
Die Kommissarin blickt Steinlein einen Moment irritiert an, etwas stimmt an seinem Aussehen nicht, sie empfindet es als irgendwie militant. Weil sie nicht klären kann, was sie befremdet, kehrt sie zu dem Gespräch zurück, fragt ihn: „Sind Sie schon mal mit dem Bulli gefahren?“
Er erschrickt: „Ich ... wie kommen Sie denn darauf?“
„Sind Sie's oder sind Sie's nicht?“ Sie gibt nicht nach.
„Nein, natürlich nicht“, presst Steinlein heraus. Dabei glüht sein Gesicht bis zum Haaransatz.
„Und Sie?“ Sie wendet sich an Bräsig.
„Ich bin einmal mitgefahren, aber selber fuhr ich die Karre nie, warum auch?“ Seine Abwehr klingt verständnislos.
„Und wie kommen Sie mit Annerose Fischer zurecht?“ Ziellos in den Raum sprechend, richtet sie ihre Frage an keinen der Männer.
Gottfried Bräsig antwortet zuerst: „Sie werden bald hören, dass wir mit ihr nicht gut zurechtkommen. Es gibt

während der Sitzungen mit ihr immer wieder Streit. Die macht es uns wirklich nicht leicht, angriffslustig, wie sie ist, und eine scharfe Zunge hat sie auch."

„So ist es", bestätigt Klaus-Dieter Steinlein.

„Was geschah während der letzten Sitzung?" Magdalena Jäger wendet sich an den Vorsitzenden.

„Das war keine eigentliche Sitzung, eher ein Gespräch zwischen einigen Ältesten und dem Pfarrer. Dabei", erklärt Bräsig, „griff sie Steinlein an."

„Und warum?"

Steinlein antwortet: „Wir hatten Fragen an den Pfarrer, und sie hat ihn verteidigt, eben auf ihre Weise – mit Angriffen."

„Sie wurden angegriffen?", will die Kommissarin von Steinlein wissen.

„Ich", gibt der zu, „sprach auf Grund einer Predigt vom fehlenden Glauben des Pfarrers. Sie machte mal wieder den wunderlichen Tausch!"

„Was ist denn das?"

„Nun", er reckt seine Brust heraus, „wie schon Martin Luther sagt: ‚Es ist ein wunderlicher Tausch', womit er sagen will, man verdrehe etwas."

„Und was ist da verdreht?"

„Da werden die Worte im Munde herumgedreht: Ich sprach vom Irrglauben, und sie warf mir unterlassene Taten vor."

„Ich fürchte, bei Ihnen gibt es merkwürdige Geheimnisse", stellt Magdalena Jäger fest, „die schwer zu begreifen sind."

„Das ist leider so", bestätigt der Superintendent.

„Na, schön." Die Kommissarin schreibt eine Notiz in ihren Block, wendet sich dann an Bräsig: „Wo waren Sie an dem fraglichen Abend zwischen 20 und 21 Uhr?"

„Ich war zu Hause bei meiner Frau."
„Sie auch?", fragt sie Steinlein.
„Nein, ich saß im Festausschuss wegen der 800-Jahrfeier."
„Wo war das?"
„Im Rathaus."
„Den ganzen Abend?"
„Nun, es ...", er überlegt, „... es gibt mindestens ein Dutzend Zeugen dafür."
Sie wendet sich an den Superintendenten: „Können Sie auch etwas zur Erhellung beitragen?"
„Ich hatte am selben Abend eine Sitzung in der Kreisstadt. Sonst kann ich Ihnen nur meine Eindrücke von der Kirchengemeinde sagen. Den Pfarrer und die Ältesten kenne ich natürlich."
„Dann danke ich Ihnen, meine Herren." Sie verabschiedet sich. An der Tür blickt sie sich noch einmal um und kündigt an: „Ich bitte Sie, mir gelegentlich weitere Fragen zu beantworten."

Nachdem auch Kleinert gegangen ist, knurrt Bräsig: „Das war ja wohl nichts."
Steinlein bestätigt: „Wie es scheint, sind sich Superintendent und Pfarrer einig."
Nach einer Weile meint Gottfried Bräsig: „Aber ganz einig sind die nicht, immerhin räumte Kleinert auf meine Frage, ob er denn gar kein Verständnis für unsere Kritik an Nieburg habe, beim Hinausgehen ein: ‚Was inhaltlich richtig ist, muss nicht auch in der Art richtig sein.' Ich denke, wir müssen Nieburg noch anders beikommen."
„Hast du eine Idee?" Klaus-Dieter Steinlein gibt zu bedenken: „Wir können ihm wohl kaum sagen, dass er nicht hierher passt."

„Doch, das könnten wir schon, aber besser ist, wir lassen ihn selber darauf kommen."
„Und wie?"
„Vielleicht mit Forderungen, die ihm nicht passen."
„Meinst du Aufgaben? Dazu sind wir nicht berechtigt", wehrt Steinlein ab.
„Wir könnten Wünsche an ihn herantragen, zum Beispiel einen neuen Ausschuss oder einen Gesprächskreis ..."
„... oder beides", rät Steinlein.
Sie vereinbaren, den Pfarrer um ein Gespräch zu bitten, in dem sie ihm zur Auffrischung des Gemeindelebens einige neue Aktivitäten abfordern wollen.

3.

Aller Anfang ist kein Müßiggang, jedenfalls nicht für Magdalena Jäger. Solange ein Fall frisch ist, ist sie von Neugier gepackt. Sie tritt in die Pedalen ihres geborgten Fahrrades und erobert die schöne alte Stadt, in der sie Licht in dunkle Verhältnisse bringen will. Besonders innerhalb der Kirchengemeinde scheint einiges dunkel und geheimnisvoll zu sein, das hat sie das Gespräch in der Wohnung von Bräsig gelehrt: Man wirft sich fehlenden Glauben und unterlassene Taten vor, als gäbe es für den Glauben nur ein Maß und für Taten keine Wahl.
Sie fährt hinter den Rathauskomplex, sieht dort Reste einer ehemaligen Fleischbank, hinter der einst Fleischhauer standen. Freilich ist von hier auch der Pranger entfernt worden, der inzwischen vom Markt in manche Köpfe umgezogen zu sein scheint.
Jetzt schiebt sie ihr Fahrrad durch das Seitentor, erreicht die Wache, in der sie ihr Dienstzimmer hat. Hier erwartet

sie Inspektor Müller mit der Erklärung: „Der Schlüssel war nicht abgezogen."
„Ach." Sie lacht. Voraussetzungsloser hat Müller noch nie gesprochen. „Hier, von meinem Büro?"
„Vom Bulli!"
„Woher weißt du das?"
„Von Fischer. Ich hatte ihn hier."
„Aha. Gut, dass du Fischer bestellt hast, er ist offensichtlich der Hauptbeschuldigte."
„Zu offensichtlich", korrigiert Müller.
„So sehe ich das auch." Magdalena Jäger begrüßt, mit Jens Müller in wesentlichen Punkten einer Meinung zu sein. Jetzt will sie wissen: „Welchen Eindruck machte er auf dich?"
„Er hält sich tapfer und ist im Grunde überfordert. Vor allem begreift er nicht, warum gerade seine Frau Opfer wurde. Er grübelt, so sagt er, Tag und Nacht darüber nach, wer der Täter sein könnte und warum der das getan hat."
„Schon deshalb brauchen wir Erfolge! Führt uns", fragt sie, „der Schlüssel weiter?"
„Wenn wir Schlüssel und Magnetschalter zueinander bringen können. Die Fischers brauchten den Schlüssel ja gar nicht abzuziehen, mit ihm allein kann der Motor nicht gestartet werden."
„Ja, woher kannte der Täter diese Mechanismen?" Sie setzt sich Müller gegenüber an den Schreibtisch.
Der berichtet weiter: „Am Wagen selbst gibt es keine Fingerabdrücke: weder am Türgriff noch am Lenkrad oder am Schaltknüppel. Alles war sorgfältig abgewischt. Mit Hauptwachmeister Schmidt habe ich außerdem das Gelände am Haus der Fischers überprüft. Hinter der Hecke, an der der Bulli steht, gibt es Trittspuren. Da hat jemand, vielleicht waren es auch zwei, beobachtet. Es sieht so

aus, als hätte da ein regelrechter Beobachtungsposten gestanden; denn es gibt jeweils gleiche Spuren von verschiedenen Tagen. Leider sind die nach dem Regen nur noch Andeutungen. Nur frage ich mich: Haben denn die Täter gar nicht mit der Möglichkeit gerechnet, selbst beobachtet zu werden? So viele Fußabdrücke fallen doch auf! Zumindest ist jetzt die Spurensicherung dort."
Die Kommissarin spürt, dass Müller noch etwas beobachtet hat, sie fragt: „Und was noch?"
„Während wir die Spuren im Sandboden untersuchten, entdeckten wir Claudia Fischer, verborgen hinter einer Hecke fertigte sie von einem Fußabdruck eine Skizze an."
„Privatdetektivin", wertet Magdalena Jäger. „Schlaues Mädchen. Und was weißt du von den Mitarbeitern der Gärtnerei?"
„Die alte Frau Richter ist eine treue Seele, die demnächst in Rente geht. Die ist so erschüttert, als gehöre sie zur Familie."
„Und dieser Hilfsgärtner?"
Müller denkt einen Moment nach. „Herbert Krüger ist dagegen ein verschlossener Mann, der auf meine Fragen kaum antwortete. Er wisse nichts. Sein Alibi ist Fernsehen und Biertrinken. Er hat mir den Film, den er gesehen hat, genannt, auch den Hauptdarsteller. Seit gut zwei Jahren ist er geschieden, lebt alleine. Der gefällt mir nicht, er wirkt hinterhältig. Mit dem werde ich noch mal reden.
Außerdem war ich bei einigen Ältesten von der Kirchengemeinde. Das Ergebnis ist mager: Leute ohne nähere Kenntnis und klare Meinung. Ich habe einen Bericht geschrieben. Nur Reinhard Thiele wirkte irgendwie befangen, mir scheint, der kennt Katrin Fischer näher. Aber er spricht nicht von ihr. Bei ihm hatte ich am meisten

den Eindruck: Irgendwas stimmt in der Kirchengemeinde nicht, zumindest passt ihm der Pfarrer nicht."
„Den Eindruck habe ich bei anderen auch", bestätigt die Kommissarin. „Am feindlichsten erscheinen mir die Ältesten Bräsig und Steinlein, eigenartige Typen. Bräsig hat kalte Augen, verbirgt beim Reden geschickt seine Meinung, der ist sehr dominant. Steinlein braust rasch auf und neigt zu Schuldgefühlen. Ich fände gut, wenn du mal prüfst, ob der Superintendent, dieser Wessi, an dem fraglichen Abend eine Sitzung ..."
„Wessi, Wessi!" Müller unterbricht. „Ich finde, der Mann ist entweder in Ordnung oder nicht. Was sind schließlich West und Ost im Verhältnis zu Nord- und Südpol!"
„Okay, Jens! Geschenkt." Ihr Lächeln zeigt volles Einverständnis. Sie kehrt zur Tagesordnung zurück: „Vielleicht könntest du noch weitere Personen befragen, auch außerhalb der Kirchengemeinde. Und starte mal im Umkreis eine Umfrage bei Autowerkstätten, ob die etwas über diesen Bulli sagen können. Der Lokalpresse gibst du am besten einige nichtssagende Informationen."
Sie denkt eine Weile nach, rät dann: „Vielleicht wäre es gut, wenn wir an die Presse die Frage heranbrächten, ob jemand etwas beobachtet hat – ich meine nicht nur auf der Straße während der Tatzeit, auch Tage vorher am Grundstück ..."
„Wird gemacht!" Jens Müller notiert die Aufgaben.
Magdalena Jäger greift zu ihrer Tasche und bricht erneut auf. „Ich werde Frauen von Ältesten, die Pfarrfrau, vielleicht auch die Gemeindeschwester besuchen. Und heute Abend gehe ich zum katholischen Pfarrer. Es kann sein, dass der von außen klarer sieht, was bei den Evangelischen vorgeht."

4.

Französisch, erinnert sich Magdalena Jäger, ist Musik gewordenes Latein. Sie reist gern durch lateinische Länder wie Frankreich und Italien. Im letzteren beschwert sich Donna Leon: „Deutsch klingt wie geschimpft." Jetzt wird ihr diese Behauptung bewiesen: metallisch, flach und bissig, ohne Resonanz. Reinhilde Thiele, gefragt, ob sie Annerose Fischer kennt, knurrt mit erfrorenem Gesicht: „Wie man sich so kennt, wenn man miteinander zu einer Kirchengemeinde gehört."

Magdalena Jäger staunt: Alles, was vorher Profil war, verschwindet. Wohin verliert Frau Thiele ihr Gesicht?

„Und wie kennt man sich da?", fragt sie.

Die Frage ist Reinhilde Thiele lästig. Deutlich zeigt sie, gar keine Lust zu einem Gespräch zu haben. Sie fertigt die Kommissarin mit den Worten ab: „Man sieht sich mal im Gottesdienst, mal bei anderen Veranstaltungen, wechselt ein paar Worte ..."

„Sie kennen Frau Fischer also nicht näher?"

„Nein, nicht näher."

"Ihr Mann kennt sie näher?"

Das erstarrte Gesicht reißt auf, scharf ihre Gegenfrage: „Wieso mein Mann?"

„Reine Routine", beiläufig die Worte der Kommissarin, während sie Obst in einer Schale betrachtet. „Schließlich müssen Ehepartner nicht immer gleicher Meinung sein."

Spontan erwidert Reinhilde Thiele: „Ja, so ist es!" Dann aber schwächt sie ab. „Wir sind meistens gleicher Meinung. Oder wissen Sie da mehr?"

Jetzt ist die Kommissarin erstaunt. Sie wählt eine Kunstpause, dann erklärt sie gelassen: „Sie können sich sicher denken, dass wir anfangs alle nur möglichen Fragen stellen, weil wir noch nichts Konkretes wissen." Nach einer

Weile setzt sie neu an: „Fühlen Sie sich in Ihrer Gemeinde wohl?“
„Nun ja, es geht.“
„Wie geht es?“
„Der Pfarrer ist anstrengend und ... geht uns manchmal auf die Nerven.“
„Warum?“
„Er meint uns aufklären zu müssen und ... man wird von ihm belehrt.“
„Man – auch Sie?“ Magdalena Jäger kommt sich vor wie ein Zahnarzt, der immer auf gleichem Nerv bohrt.
„Nun ja.“ Es ist nicht zu überhören, dass Reinhilde Thiele nicht reden will.
Ich bin hier nur Störung, weiß längst die Kommissarin und blickt aus dem Fenster. Dort entdeckt sie einen schönen Garten. Sie deutet mit der Hand hinaus, fragt: „Ihr Werk?“
„Ja, meins.“ Frau Thieles Stimme erwärmt sich. „Wollen Sie ihn mal sehen?“ Sie wartet nicht auf eine Antwort, sondern steht auf, öffnet die Terrassentür und geht voran. „Dieses Jahr blüht hier alles besonders schön, so war es vorher nie.“
Magdalena Jäger folgt ihr zu Staudenrabatten. „Roter Phlox – ist der Ihr Hobby?“
„Aber ja.“ Ihr Gesicht leuchtet. In dieses offene Gesicht spricht die Kommissarin hinein: „Darüber freut sich Ihr Mann?“
Traurig die Antwort der Gefragten: „Hoffentlich.“

Draußen vor der Stadt wohnt das Ehepaar Bräsig. Gerlinde Bräsig erinnert sich, sie habe am fraglichen Abend mit ihrem Mann ferngesehen; wie der Film hieß, weiß sie noch. Magdalena Jäger will nicht nachprüfen, ob der

Film wirklich gelaufen ist, zu artig zeigt sich diese Frau, die wagt nichts Abweichendes. Aber auch sie spricht über den Pfarrer nicht gut, der würde vom richtigen Glauben abweichen; was dagegen richtig ist, sagt sie nicht. Für Annerose Fischer hat sie anteilnehmende Worte, ob diese nur hingesagt oder ehrlich gemeint sind, kann die Kommissarin nicht erkennen.

Später klingelt sie an der Tür vom Pfarramt. Sie ist bei Karin Nieburg angekündigt, die jetzt öffnet. Zart, weniger als mittelgroß, wirkt sie in Hose und T-Shirt zerbrechlich. Magdalena Jäger fällt ihr mit der Tür ins Haus: „In dieser Stadt scheinen die Frauen nicht zu arbeiten?"
„Da haben Sie den Nagel auf den Kopf getroffen", antwortet Frau Nieburg und reicht ihre Hand. „Trotzdem ist es gut, dass Sie sich angesagt haben, oft sitze ich in der Kirche an der Orgel."
Die Kommissarin spürt angenehme Offenheit und folgt der Frau gern ins Wohnzimmer. Ein großer, sparsam möblierter Raum, erwartet sie, der wirkt fast karg und lebt doch. Hier blühen üppig Blumen in einer Vase auf dem Tisch. Die Sessel gleichen Stühlen. Sie setzen sich einander gegenüber. Karin Nieburg sagt, während sie der Besucherin Tee eingießt: „Hier sind so manche Uhren stehen geblieben – man hält sich zugute, nicht mit der Zeit zu gehen."
„Merkwürdig der Unterschied", wertet Magdalena Jäger, „zwischen dem Charme der alten Stadt und der Enge von manchen Köpfen ..."
„Sie haben es ja gut: Als Touristin genießen Sie nur die Vorzüge."
„Als Polizistin leider nicht: Ich muss über hohe Mauern klettern."

Jede betrachtet die andere, sie verstehen sich.
„Sagen Sie mal“, das Gesicht der Kommissarin wird nachdenklich, „was haben hier manche Leute gegen Ihren Mann?“
„Der hat eine Schwäche: Er sagt immer, was er denkt.“
„Eine starke Schwäche.“
„Ja, aber er meint, allen die Wahrheit sagen zu müssen.“
„So springt er sozusagen den Leuten mit nacktem Hintern ins Gesicht.“
Karin Nieburg lacht: „Deutlicher hätten Sie es nicht sagen können.“
„Nur“, wendet die Kommissarin ein, „so schafft man sich Feinde.“
„Ja, die hat er“, bestätigt Frau Nieburg, der das Lachen vergangen ist, „zumindest Gegner – und ich fürchte die Folgen.“
Magdalena Jäger trinkt eine Weile nur Tee. Danach fragt sie: „Wissen Sie Neues von Annerose Fischer?“
„Nein.“ Sie blickt erschrocken auf. „Merkwürdig, dass Sie im Gespräch über meinen Mann nach ihr fragen.“
„Mag Ihr Mann diese Frau?“
„Sie meinen ... als Frau?“
„Vielleicht.“
Sie überlegt, meint dann: „Ich denke, so wie landläufig üblich ist das bei den beiden nicht – sie ist ihm verwandt: auch so gerade heraus wie er.“
„Eine Schicksalsgemeinschaft?“
„Hm.“ Sie zögert, entscheidet sich dann, bei ihrer Offenheit zu bleiben: „Gegenwärtig ist das ein schreckliches Wort. Ich habe das krumme Gefühl, als sollte mein Mann mit diesem Anschlag getroffen werden.“
„Nur ein Gefühl?“
„Ja, aber es ist mir, als wäre daran etwas wahr.“

„Wissen Sie Näheres über die Thieles?“
„Über die Ehe?“
„Ja, und so weiter ...“
„Gut gesagt, und so weiter ...“ Nach kurzem Nachdenken erzählt sie: „Es gibt ein Gerücht: Reinhard Thiele und Annerose Fischer hätten mal was miteinander gehabt, was daran wahr ist, weiß ich nicht. Aber eigentlich ist mir das eher unwahrscheinlich, die sind zu verschieden.“
„Habe ich es mir doch gedacht. Wird das Gerücht in der Öffentlichkeit genährt?
„Eher zeigt Reinhilde Thiele da etwas.“
„Und was?“
„Es sieht aus wie Eifersucht, wie sie ihren Reinhard fortzieht, wenn sich die Paare begegnen.“
Magdalena Jäger nickt ihr zu. Aber sie will Konkreteres wissen: „Ist mal etwas passiert, das zeigt, was da läuft?“
„Ja, ich erinnere mich an die Exkursion der Gemeinde zu den Lutherstätten in Wittenberg im vorigen Jahr. Unterwegs lobte Annerose Fischer eine geistreiche Bemerkung von Reinhard Thiele. Darauf fuhr Reinhilde Thiele sie an: ‚Begnügen Sie sich gefälligst damit, Ihren eigenen Ehemann anzubaggern, nicht auch noch die Männer fremder Frauen!‘“
„Uff, das war deutlich!“ Danach will Magdalena Jäger nichts anderes, als eine Weile mit Karin Nieburg zusammen zu sitzen und Tee zu trinken.

5.

Sie bestaunt den Bären, der ihr seine riesige Pranke hinreicht. In dem katholischen Pfarrer erkennt sie einen willensstarken Mann, den sie sofort mag.
Zur Nacht wird sie im Hotelbett in ihr Tagebuch schrei-

ben: Ich habe heute ausgerechnet in Pfarrhäusern zwei erstaunliche Menschen kennengelernt. Aber bis zur Nacht ist noch viel Zeit, die sie am Abend mit Pfarrer Hubert Welsecke zubringt.

Der stolpert sofort über ihren Namen, den sie bei der Begrüßung sagt. „Magdalena – stammen Sie aus einem kirchlichen Haus?"

„Leider", erwidert sie, „mein Vater war Pfarrer."

Er sieht sie prüfend an, fragt nicht nach. In seinen Augen liest sie Verständnis. „Wo viel Licht ist, ist viel Schatten", sagt er mehr zu sich selbst als zu ihr; dann lädt er sie ein, mit ihm einen guten Wein zu trinken, dem sie gern zuspricht. Dabei fühlt sie sich behaglich und gesteht: „Ich hätte gar nicht gedacht, dass man sich bei Katholiken so wohl fühlen kann."

Darauf fragt er: „Was vermissen Sie in Ihrer Kirche?"

„Sie ist mir zu wenig religiös. Aber", schränkt sie ihre Kritik ein, „sie ist demokratischer als Ihre."

„Wenn sie funktioniert, sonst kippt sie um."

„... wird Anarchie."

Sie redet mit dem Mann über Dinge, die sie immer schon hat aussprechen wollen, und ist doch gerade erst hier angekommen.

Er hebt sein Glas. Dabei verweilt er in ihrem klaren Blick, der zugleich offen ist und Tiefe verspricht. Diese Frau, denkt er, zeigt viel her und hat zugleich Geheimnisse. „Es möge nützen", tostet er ihr zu.

„Ja, was?" Sie senkt irritiert ihr Glas, stimmt dann aber zu: „Es möge nützen!"

Während sie die Gläser absetzen, sagt Magdalena Jäger: „In Kirchen gehe ich meist nur im Ausland. Da sitze ich in fremden Gemeinden und verstehe kaum ein Wort; so werde ich nicht vereinnahmt und bin doch ermutigt."

„O ja“, sagt er mit seinem tiefen Bass, „das kann ich nur zu gut verstehen.“
Sie schweigen lange. Plötzlich fragt Magdalena Jäger: „Wissen Sie, warum die evangelische Gemeinde mit ihrem Pfarrer unzufrieden ist, wenn er doch aufrichtig die Wahrheit liebt?“
„Liebt die denn die Wahrheit?“ Seine Frage ist zugleich Antwort.
Wieder schweigen sie lange. Er gießt in der Pause Wein nach, dabei spricht er: „Obwohl ich mit meiner Kirche nicht nur froh bin, denke ich doch: Sie überfordert die Menschen weniger als die evangelische.“
„Wieso überfordert die?“ Sie blickt ihn erstaunt an.
„Nun, ich denke: Es überfordert viele Menschen, sich ständig ihres Glaubens zu vergewissern und selber einzige Autorität außer Gott zu sein. So manche wollen gesagt kriegen, wo es lang geht. Und außerdem meine ich: Die Evangelischen geben ihrem Pfarrer zu wenig Autorität, oft wollen sie ihn beherrschen ...“
„Letzteres kenne ich“, stimmt Magdalena Jäger zu. „Nicht selten lassen sich Leute in die Leitung wählen, die sonst nichts zu sagen haben: Hier verbünden die sich und versuchen zu bestimmen. Aber was den Glauben betrifft, meinen Sie wohl, man kann ihn den Leuten beibringen?“
„Viele wollen es so haben“, weiß Hubert Welsecke.
„Tut Johannes Nieburg nicht gerade das?“, vermutet sie.
„Er belehrt“, wertet der katholische Pfarrer, „das ist anstrengend.“
Lange reden sie so weiter und trinken Wein. Obwohl Magdalena Jäger vieles begreift, kann sie noch nicht Motive und Folgen zueinander bringen. Aber zum Glück dreht sich selbst in frommen Kreisen nicht alles nur um den Kirchturm. Auf dem Heimweg erinnert sie sich an

das von Hubert Welsecke noch nicht bestätigte Alibi Nieburgs. Sie lässt es dabei.

6.

„Warst du im Krankenhaus?“
„Ja.“
„Unverändert?“
Claudia zuckt die Achseln. Sie denkt an ihre Mutter, die leblos und bleich, überwacht von Apparaten, versorgt mit Schläuchen in Nase und Venen, noch immer in ihrem Krankenhausbett liegt. Marcus setzt sich neben sie, fährt sanft über ihre Hand und sagt zu ihr: „Du möchtest etwas tun, kannst es aber nicht.“
„Doch“, sagt Claudia, „ich habe etwas getan.“ Sie steht auf, holt ein Blatt Papier und einen winzigen Schnipsel aus ihrem Schreibtisch. „Ich habe mich hinter der Hecke an unserm Haus umgesehen, fand auf dem sandigen Boden Trittspuren und das da“, sie zeigt neben einer Zeichnung ein Zettelchen.
„Du hast tatsächlich etwas gefunden ...“ Er betrachtet das Blatt, sieht darauf einen klar gezeichneten Fußabdruck. Der Absatz ist unauffällig, anders die Sohle. Auf ihr ist ein Kreis mit Ringen zu sehen. Marcus betrachtet lange das Muster. „Ungewöhnlich und unverwechselbar“, wertet er nach einer Weile. „Und dieser Abdruck war hinter der Hecke?“
„Mehrmals. Es sieht so aus, als hätte da einer gestanden und ist auch hin und her gegangen.“
„Ein Beobachter. Vielleicht Schuhgröße 42.“
„Ja“, bestätigt Claudia, „ich habe seinen Abdruck mit den Schuhsohlen meines Vaters verglichen, seine sind etwa eine halbe oder ganze Nummer größer.“

„Ein Mann?“
„Ich denke, der Abdruck weist auf einen Mann hin. Aber etwas verwischt daneben sah es aus, als gäbe es noch eine andere Spur, die könnte von einer Frau stammen.“
„Und das da?“ Er deutet auf den Schnipsel.
„Der lag auch dort, mit dem Absatz in die Erde getreten. Was darauf steht, ist kaum zu lesen“, Claudia deutet auf eine blasse Druckschrift.
Er buchstabiert „Schul oder Schol...“
Sie zeigt auf eine Leerstelle in der Schrift: „Hier dahinter ist ganz schwach der Buchstabe „r“ zu sehen, halte mal gegen das Licht.“
Marcus tut das, dreht den Papierschnipsel, kneift ein Auge zu, findet das „r“ dort, wo Claudia es sieht: „Scho...rl.“ Daneben liest er: „Fünfter Vierter zweitausend und ... und ...“ – er entscheidet sich: „zwölf“. Aufgeregt fragt er plötzlich: „Ist das nicht ein Abriss von einem Parkschein?“
„Möglich“, räumt sie ein. „Zeig noch mal her.“ Sie hält den Schnipsel gegen die Sonne, betrachtet ihn lange. Plötzlich zeigt sie auf den unteren Rand: „Da steht noch was ... Sechzehn ...“
Marcus liest: „Sechzehn Doppelpunkt siebenundzwanzig.“
Sie bestätigt: „16:27. Wahrscheinlich eine Parkzeit.“
„Jetzt müssen wir nur noch herausfinden, wer am 5. April 2012 um sechzehn Uhr siebenundzwanzig in Schorl oder so ähnlich sein Auto geparkt hat.“
„Nur noch ...“, sagt sie belustigt, steht auf und holt die Mappe mit den Namenszetteln. Sie schlägt vor: „Am besten, wir heften die Beweisstücke ein und erkundigen uns über die Reisen der Leute.“
„Und alles“, spricht Marcus weiter, „was wir zu den ein-

zelnen Namen im Vergleich zu Erkenntnissen und Beweisstücken entdecken, das ordnen wir zueinander. Bis wir ihn finden."
„Bis wir ihn finden."

Später blättert Marcus im Ortsregister von Vaters Autoatlas Deutschland und Europa. Er fährt mit dem Finger durch die Spalten, die mit den Buchstaben Scho beginnen. Davon gibt es sechs. Marcus grübelt: Schrorl, Schworl, Schnorl, Schmorl. Alle diese Versuche erweisen sich als Unsinn, er entdeckt keinen Ort, der sich kombinieren ließe.
Schon will er zur Suchmaschine ins Internet gehen, da fällt ihm die Verdoppelung des Vokals ein. Tatsächlich: Auf der Landkarte findet er Schoorl, eine kleine Stadt in den Niederlanden nahe der Fernverkehrsstraße zwischen Alkmaar und Den Helder, dicht an der westlichen Nordseeküste. Da hat sich der Täter eine schöne Ecke herausgesucht, denkt Marcus, und würde am liebsten hinfahren.

7.
Fahren ist schöner als ankommen, glaubt Jens Müller, während er dem Motor zuhört. Im dritten Gang bei 50, im vierten bei 80 km/h singt die Maschine voll und satt. Zum Autofahren nimmt er sich Zeit, das ist für ihn eine Art Erholung. Müller fährt gerade so schnell, dass die Augen und Ohren den Bäumen am Straßenrande und den Feldern vor dem nahen Wald folgen können. Dort ist für den aufmerksamen Beobachter reichlich Leben zu hören und zu sehen – der Sommer singt und glüht. Das ist beim Rasen unmöglich.
Er kennt diese Strecke. Die Straße rollt unter ihm als Band

ab. Sein Ziel ist Radeburg bei Dresden. Vor einer Stunde berichtete ihm am Telefon ein Meister aus der dortigen VW-Werkstatt: „Neulich erzählte ich einem Freund, der in Ihrer Stadt wohnt, von einem seltsamen Anruf, den ich vor einigen Wochen bekam – der rief mich heute an und sprach von Ihrem Artikel, Sie wissen schon, den zum Bulli-Attentat." Sofort hatte Inspektor Müller mit dem Meister ein Treffen vereinbart, froh, einen Hinweis zu bekommen. Erholt von der Reise, biegt er von der Fernverkehrsstraße ab, mündet in einem Vorort mit einer Holperstrecke. Da ist schon die Werkstatt. Der Meister erwartet ihn.

Kaum haben sie sich begrüßt, fragt Müller: „Was wollte der Mann?"
„Welcher Mann?" Der Meister, an voraussetzungslose Rede nicht gewöhnt, zeigt runde Augen.
„Nun, die Stimme am Telefon."
„Die gehörte einer Frau."
„Einer Frau ..." Müller ist verblüfft. „Das hätte ich nicht gedacht."
„Ich auch nicht." Der Meister kratzt sich am Kopf. „Die schien sich auszukennen, verstand mich sofort. Ich erklärte ihr nur einmal die Eigenheit des Wagens, und sie nahm die Hinweise auf wie ein bekanntes Problem."
„Und das war es, was Sie seltsam fanden?"
„Nicht nur das." Er denkt nach. „Sie hatte da so eine merkwürdige Begründung: Ein Freund sei verreist, sie müsse das Auto irgendwo abholen, könne aber nicht fragen."
„Ich verstehe. Und dabei wirkte sie unsicher?"
„Nein, eben nicht – eher so ..." Der Mechaniker blickt in seine Werkstatt, sucht in einer Werkzeugkiste nach Worten, bietet dann als Erklärung an: „als würde sie während des Sprechens nachdenken."

„Als fiele ihr dabei die Begründung erst ein?"
„Genau so", bestätigt der Meister.
„Würden Sie die Stimme wiedererkennen?"
„Ich glaube, ja."
Jens Müller dankt und verabschiedet sich. Er beschließt, jetzt das Gehörte sacken zu lassen.

8.

Marcus Nieburg balanciert über ein schmieriges Brett, das eine Baugrube vor der Haustür, nötig für Kabelreparaturen, überbrückt. Rote Erde färbt seine Schuhsohlen, die sich deutlich auf dem Korridor abzeichnen. Aber vor ihm haben schon andere Spuren hinterlassen. Plötzlich erschrickt er: Eine Trittspur zeigt genau das Muster, das Claudia gezeichnet hat. Er folgt ihr zum Arbeitszimmer seines Vaters, drinnen hört er Stimmen. Er muss nicht lange warten, bis der Besuch herauskommt.
Die beiden Ältesten Gottfried Bräsig und Klaus-Dieter Steinlein kommen heraus und werden vom Pfarrer verabschiedet. Marcus geht ihnen nach, erkennt: Steinlein hat das Sohlenmuster Kreis und Ringe. Mit der Skizze kann er es nicht vergleichen, Claudia wird erst im Laufe des Tages Kopien davon anfertigen.
Während er ins Haus zurückkehrt, hört er, wie Vater und Mutter miteinander sprechen. Vater berichtet: „Die meinten, ein neuer Gesprächskreis und ein liturgischer Ausschuss wären nötig."
„Ach nee, und was hast du dazu gesagt?"
„Gut", habe ich geantwortet, „dann macht's doch!"
Die Eltern lachen. Auch Marcus lacht, als er den Kopf durch den Türspalt steckt. Johannes Nieburg fragt: „Willst du einen Moment zu mir kommen?"

Gern nimmt Marcus die Einladung an. Im Arbeitszimmer setzt er sich an den kleinen Rauchtisch. Vater greift nach seiner Pfeife, dabei sagt der: „Wie du eben mitgekriegt hast, wollen mich einige Älteste unter Druck setzen."
„Eine Art Erpressung?"
„Ich würde eher sagen Anarchie, sowohl Revolte als auch Machtprobe."
Marcus fällt ein, er könnte am besten von seinem Vater die nötige Information kriegen: „Weißt du, wohin deine Ältesten in den Urlaub reisen?"
„Manchmal schon." Er sieht Marcus erstaunt an. „Warum willst du das wissen?"
„Ich habe die Vermutung, Steinlein war Ostern in Holland. Warum ich das denke, das sage ich dir später."
„Ostern? Warte mal." Er greift ein Journal, blättert, sucht in einer Spalte, sagt dann: „Um die Osterfeiertage hatte er keinen Dienst in der Kirche. Also kann ich nicht beweisen, dass er in der Stadt war. Mehr weiß ich jetzt nicht." Er stockt. „Aber warte mal, wie war das doch gleich: Wir hatten vor Ostern die Aufführung der Matthäuspassion von Bach, und ich sprach damals über eine besondere Aufführung dieser Passion durch Ton Koopman in Amsterdam. Da sagte Steinlein plötzlich unvermittelt: Ich fahre demnächst dorthin."
„Ach nee", sagt Marcus, „das ist ja interessant!"

9.

Nichts kann schlimmer gegen die schöne Vielfalt der alten Stadt gesetzt werden als einförmige Plattenbauten, denkt Jens Müller, während er sein Fahrzeug im Neubaugebiet abstellt. Der Inspektor sieht hier viel Leerstand. Hinter manchem Fenster fehlen Gardinen. Aber die betuliche Nähe früherer kollektiver Zeiten scheint noch vorzuherrschen. Leute in schlappen Trainingsanzügen grüßen sich verschwörerisch über Wäscheplätze hinweg wie eine Zeltgemeinschaft im Regen.

Ermüdend erlebt Müller das immer gleiche Heben und Senken der Füße im Treppenhaus des Neubaublocks. Stufen, eingegrenzt von Handläufen rechts und links, führen zu noch mehr Beton, zu immer neuen hellgrauen Wänden mit kaltem Geländer. Im nächsten Stockwerk graut wieder ein Würfel. Den Plattenbau sportlich angehen, hatte er vor.

Er findet die Wohnung von Walter Krüger im vierten Stock. In dessen Wohnzimmer, das nach Nikotin stinkt und so ergraut wirkt wie die gesamte Wohnanlage, kommt er gleich zur Sache:

„Sie sind wegen einer Gewalttat in Ihrem früheren Betrieb vorbestraft. Warum haben Sie das Ihrem Arbeitgeber verschwiegen?“

Inspektor Müller betrachtet den Fünfzigjährigen, der im blauen Overall vor ihm sitzt. Er findet: Der guckt aus sich nicht heraus. Die Augen, klein und müde, sind eher nach innen als nach außen gerichtet. Krüger antwortet nicht gleich. Als wolle er sich vergewissern, dass der Polizeimann wirklich vor ihm sitzt, blickt er lange über den niedrigen Couchtisch zu ihm hin. Sein Blick verrät nicht, was er dabei denkt. Endlich antwortet er: „Ich hätte sonst die Arbeit nicht gekriegt.“

„Und wie kam es damals zu der Schlägerei?“

Wieder spricht der Gefragte nicht gleich. Er betrachtet seine großen Pranken, die tüchtig arbeiten, aber auch gewaltig zuschlagen können, dann kommt wie aus weiter Ferne die Antwort: „Wir hatten Streit – und ich hatte gesoffen.“

„Deutlich", kommentiert Müller. „Sie sind kein gelernter Gärtner?"
„Nein, muss ich nicht, ich bin als Hilfsarbeiter angestellt."
„Sie wären lieber wieder Kraftfahrzeugmechaniker."
„Das geht ohne Führerschein nicht."
Müller weiß, der wurde ihm nach einem verschuldeten Unfall entzogen.
„Aber den Bulli können Sie fahren?"
„Ja, was soll das?"
„Haben Sie ihn gefahren?"
Auf einmal blicken Krügers Augen lauernd und seine Stimme wird hinterhältig: „Haben Sie Spuren von mir gefunden?"
Wenn der will, kann der scharf schießen, denkt Müller. Laut sagt er: „Natürlich nicht, alle Spuren sind beseitigt." Eine Weile bleibt es still im engen Wohnzimmer. Mein Gott, denkt der Inspektor, der könnte mal lüften. Wahrscheinlich raucht und säuft er den ganzen Abend; es stinkt wie in einer Kneipe, die Gardinen, lange nicht gewaschen, hängen als schwärzliche und fettige Lappen vor schmutzigen Scheiben.
Müller steht auf. „Aber der Handschuh gehört Ihnen?" Er zieht einen Arbeitshandschuh aus einem Beutel, legt ihn auf den Tisch.
Verständnislos starrt Krüger auf den Handschuh.
„Den haben die Kollegen von der Spurensicherung auf dem Parkplatz vor der Gärtnerei gefunden."

10.

„Und wen darf ich melden?", fragt die Beamtin, während sie das junge Pärchen mustert.
„Claudia Fischer und Marcus Nieburg", antwortet Marcus.

„Und Sie versichern, es ist wirklich wichtig?"
„Sehr", antwortet Claudia, „es geht um den Anschlag auf meine Mutter."
„Annerose Fischer, ja?"
Claudia nickt.
„Warten Sie bitte einen Moment." Sie geht hinaus, bleibt aber nicht lange fort; schon bald führt sie die beiden ins Büro der Kommissarin. Die begrüßt Claudia und Marcus, stellt sich vor und bietet Plätze an. Das enge Büro ermutigt nicht zu einem offenen Gespräch. Der Blick auf einen Renaissancegiebel vor dem Fenster kann mit dem Zweckmaß des Büros nicht versöhnen.
„Was kann ich für Sie tun?"
Na fein, denkt Marcus abschätzig, übliche Anrede der Werbebranche. Er überwindet seine Abneigung, sagt zu der Frau hinterm Schreibtisch: „Wir haben Hinweise auf den Täter."
„Ja?"
„Zumindest auf einen, der hinter der Hecke gestanden hat." Marcus verunsichert die skeptische Zurückhaltung der Kommissarin. Claudia erläutert: „Ich habe Spuren hinter der Hecke, wo der Bulli steht, gefunden."
Aha, die Privatdetektivin, denkt Magdalena Jäger. Laut sagt sie: „Sie haben Fußabdrücke gesehen und gezeichnet, wie mir Inspektor Müller sagte. Was ist damit?"
„Ich weiß, wem die Abdrücke gehören." Marcus hat Sicherheit gewonnen, er legt die Skizze von Claudia vor.
Die Kommissarin betrachtet die Skizze und fragt: „Wem also gehört dieser Abdruck?"
„Klaus-Dieter Steinlein", sagt Marcus überzeugt.
„Und woher wissen Sie das?"
„Steinlein hat diesen Abdruck auch auf unserem Korridor hinterlassen."

„Haben Sie den Abdruck vermessen?"
„Nein."
„Weil Sie meinen, dieses Muster gibt es nur einmal?"
Wieder ist Marcus verunsichert. „Ja, zumindest selten ..."
„Auch wir haben uns um diese Spuren gekümmert." Die Kommissarin erklärt: „Dieses Muster gehört zu einem Modell, das mit großem Erfolg von Schuh-Meier am Markt verkauft wird."
„Aber der Parkschein", wirft Claudia ein. Sie holt den Schnipsel aus einem Kuvert und legt ihn der Kommissarin vor. Die betrachtet ihn eingehend, danach bestätigt sie: „Das scheint wirklich ein Abschnitt von einem Parkschein zu sein."
„Von einem Parkplatz in Nordholland, aus der Stadt Schoorl", erklärt Marcus.
„Und woher haben Sie den Abschnitt?" Prüfend blickt Magdalena Jäger die Hobbydetektive an.
„Ich fand ihn bei den Fußabdrücken", erklärt Claudia.
„Und haben ihn der Polizei vorenthalten, um es freundlich auszudrücken!" Die Stimme der Kommissarin klingt gar nicht freundlich.
„Schon, wir wollten ..." Marcus versucht Claudia zu schützen, „wir wollten erst mal herauskriegen, woher der stammt und wer ihn verloren hat."
„Und das wissen Sie jetzt?"
„Ja. Mein Vater sagt: Ostern war Steinlein in Holland."
Die Kommissarin vergleicht in einem Kalender die Daten, bestätigt: „Tatsächlich stammt der Parkabschnitt vom Donnerstag vor Ostern."
„Sind das keine Hinweise auf den Täter?", fragt Marcus, sich der Beweisführung wieder sicherer.
„Vielleicht – vielleicht auch nicht", antwortet Magdalena Jäger. „Wie wollen wir beweisen, dass Klaus-Dieter

Steinlein an jenem Tag zu angegebener Stunde in diesem Schoorl parkte? Ich bitte Sie, zunächst nicht über Ihren Fund zu reden und Ihre Nachforschungen einzustellen, damit Sie die Arbeit der Polizei nicht behindern."

11.

Am Rand der Stadt sieht es wie in fast allen Vorstädten aus: grün, aber ziemlich einförmig. Ein Industriegebiet, wie oft vor Städte gebaut, gibt es in der Hartenberger Vorstadt nicht. Die Tuchfabrik Hellwege & Sohn, an einen abgeschnittenen Flussarm gebaut, ist der einzige Großbetrieb. Aber genau hier baute der Mittelstand seine Werkstätten, meist neben Wohnhäuschen in den Garten gesetzt. Auch Gottfried Bräsig gründete hier seinen Metallbau. Der steht etwas erhöht, gerade so viel, um vor Hochwasser zunächst bewahrt zu bleiben.
Das Wohnhaus, dicht an der Werkstatt, hat kleine Räume. Hierher sind einige Älteste zu einem Gespräch eingeladen. Im Wohnzimmer sitzen neben den Gastgeber gedrängt Reinhard Thiele, Klaus-Dieter Steinlein, Gertrud Krause, der Ehrenälteste Gerhard Schneider und die Gemeindeschwester Roswitha Liesegang. Das Anliegen des Treffens ist nur mit Thiele und Steinlein abgesprochen, die anderen Teilnehmer wissen nur, ihr Vorsitzender will mit ihnen über das Gemeindeleben sprechen. Gerlinde Bräsig schenkt Getränke ein, reicht Gebäck.
Gottfried Bräsig eröffnet: „Wiederholt mussten wir von unserem Pfarrer eigenwillige Bibelauslegungen hören. Ich möchte mal wissen, wie die bei Ihnen angekommen sind."
Kaum endet Bräsigs kurze Einleitung, da stößt schon Steinlein hervor: „Ich bin darüber zutiefst entsetzt. Die-

ser Mann bestärkt einen nicht im Glauben, sondern in den Zweifeln."
„Ich würde sogar sagen", wirft Thiele ein, „er verbreitet Irrlehren."
„Genauso ist es", bestätigt Steinlein.
Nach dieser Attacke ist es erst einmal still im Raum. Bräsig spürt, die Eröffnung war heftig, wenn jetzt andere Älteste nicht zustimmen, wird er zusammen mit Steinlein und Thiele scheitern. Schon will er zum Gespräch ermutigen, da nimmt die sechzigjährige Gertrud Krause das Wort: „Nicht nur das, ich finde, er ist in seiner schroffen Art auch kein guter Seelsorger."
Schneider, der ein älteres Bild von einem Pfarrer bewahrt hat, als der gegenwärtige herzeigt, ergänzt: „Ja, seine Art lässt zu wünschen übrig. Manchmal hält er die Wochenschlussandacht sogar ohne Talar."
Bräsig, erfreut, dass ihm das Stichwort für sein Anliegen geliefert wird, erklärt: „Neulich haben wir eine schlimme Erfahrung mit ihm gemacht! Herr Steinlein und ich fanden, es täte der Gemeinde gut, wenn sie einen Gesprächskreis für die mittleren Jahrgänge und einen Liturgieausschuss bekäme. Mit diesem Anliegen gingen wir zum Pfarrer. Der sagte nur: ‚Gut, dann macht's doch!'"
„Gerissen", wertet die Gemeindeschwester, „so hat er zwar sein Einverständnis erklärt, aber die zusätzliche Arbeit abgewehrt."
Es wird spät an diesem Abend. Gegenseitig in ihrer Ablehnung bestätigt, vereinbaren die Ältesten, jeder solle mal herumhören, ob andere auch unzufrieden sind. Sie vereinbaren ein erneutes Treffen.
Während Gerhard Schneider von der Garderobe Hut und Mantel nimmt, fragt ihn Reinhard Thiele: „Wie kommen Sie nach Hause?"

„Zu Fuß."
„Ist ein bisschen weit über die Bahn zur Innenstadt, wollen Sie nicht mit mir fahren?"
„Ich bin noch ganz gut zu Fuß", wehrt Schneider ab, „außerdem tut mir ein Spaziergang nach dem langen Sitzen gut."
Draußen zieht er den Hut tiefer ins Gesicht, als wolle er nicht erkannt werden. Er grübelt: Wie erginge es mir, wäre ich Nieburg und mir würden die harten Vorwürfe zugetragen? Ich habe zwar nicht die Unwahrheit gesagt, hält er sich zugute, aber zusammen mit den anderen fand ich kein gutes Wort für ihn, und ich habe zugelassen, dass der Stein, ins trübe Wasser geworfen, nun Kreise zieht.
Ein Nieselregen kommt auf. Er zieht den Mantelkragen höher, dabei spricht er: „Tun und Lassen – bei beiden kann man schuldig werden."

12.

„Ich möchte mit Ihnen reden."
Steinlein schweigt. Er nimmt den Hörer vom Ohr, grübelt: Was will der von mir, ich kenne ihn kaum.
Der Anrufer gibt nicht nach: „Haben Sie mich verstanden?"
„Ja ..."
„Können wir uns heute treffen?"
„Warum?"
„Ich möchte die Verhältnisse in der Kirchengemeinde kennenlernen."
„Da reden Sie am besten mit dem Pfarrer."
„Nein, ich will mit den Ältesten sprechen. Zuerst mit Ihnen."

„Wenn es unbedingt sein muss. Und wo?"
„Sagen wir in der Kirche, die steht doch nachmittags offen. Wir wär's heute 16 Uhr?"
„Na gut."
Wie Klaus-Dieter Steinlein am Nachmittag die schwere Kirchentür aufschiebt, sieht er schon Martin Fischer in der Kirche sitzen. Der lässt den kurzgewachsenen Mann auf sich zukommen. Erst bei seiner Ankunft an der Bank steht Fischer auf, begrüßt ihn.
Steinlein setzt sich, sieht Fischer aber nicht an. Er spricht leise zu seinen Händen, die gefaltet im Schoß liegen: „Und was wollen Sie wissen?"
Mein Gott, wirkt der unsicher, denkt Fischer, und möchte Steinlein am liebsten fragen: Wie wollen Sie anderer Leute Sache vertreten, wenn Sie noch nicht mal für sich selbst einstehen können? Aber er fragt so nicht, er versucht es mit einer Annäherung: „Warum mögen Sie meine Frau nicht leiden?"
„Aber, Herr Fischer, wie kommen Sie denn darauf?"
„Machen Sie mir nichts vor, ich habe genug über Sie von meiner Frau gehört."
Steinlein windet sich. „Wir hatten Meinungsverschiedenheiten, ja, aber ..."
„Aber?"
„So was kann es doch geben. Sicher, manchmal sind wir auch aneinandergeraten."
„Sogar sehr heftig, nicht wahr?"
Steinlein schweigt. Aber sein schiefes Lächeln zeigt Zustimmung. Es wirkt auf Fischer schäbig und reizt ihn zum Zorn. Ich sollte den einfach hier sitzen lassen und mir das Gerede ersparen, erkennt er. Aber wieder handelt er gegen seine Überzeugung, er setzt das Gespräch fort: „Ich will von Ihnen wissen, was eigentlich in der Kir-

chengemeinde vorgeht. Mir scheint, einige Älteste hegen eine regelrechte Feindschaft gegen den Pfarrer. Das ist doch so?"
„Nun, ja." Steinlein versucht auszuweichen, wieder blickt er Fischer nicht an, während er scheinbar verbindlich antwortet: „Wir sind nicht immer mit ihm einer Meinung."
„Und da machen sie ihm das Leben schwer – und meiner Frau gleich auch noch."
„Leider verhindert sie mitunter eine Klärung."
„Ach, nee!" Fischer wird wütend, seine Stimme hallt durch die leere Kirche: „Sie wollen wohl sagen, meine Frau hat sich Ihren Machenschaften nicht angeschlossen!"
„Bitte mäßigen Sie sich", appelliert Steinlein an Fischer, „wir sind hier in der Kirche."
„Das hätten Sie die ganze Zeit schon bedenken sollen! So wie Sie sich in der Kirchengemeinde verhalten", ereifert sich Fischer, „geht es nicht mal in der Welt zu!"
„Was wollen Sie damit sagen?" Jetzt faucht Steinlein. Seine gedrückte Stimmung schlägt in Hass um.
„Was ich Ihnen sagen will, ist Folgendes: der Weg von Worten zu Taten ist nicht weit entfernt. Schließlich wurde Ihr holländischer Parkabschnitt in der Nähe unseres Bullis gefunden!"
Fischer weiß, dass er sich hat hinreißen lassen. Aber er bereut seinen Ausbruch nicht, jetzt will er nicht mehr leisetreten. Energisch springt er auf und erklärt laut und zornig: „Meine Frau hat in ihrer Welt keine Feinde. Wenn es eine Feindschaft gibt, so geht die nur von Ihrer Kirche aus!"
Klaus-Dieter Steinlein blickt dem Hinauseilenden nach, in seinen Augen kocht Hass.

Mittsommersonne

1.
Inspektor Müller gießt seiner Chefin Kaffee ein. Sie hebt die Tasse, dabei fragt sie: „Wie war's in Radeburg?"
„Es war eine Frau."
„Die Meisterin?"
„Nee, die Anruferin."
„Müller, Müller!" Es ist nicht zu erkennen, ob Magdalena Jäger sich mehr über die voraussetzungslose Rede des Inspektors oder über den Fund wundert. Sie schüttelt den Kopf, fragt energisch: „Und was fiel dem Mann an der Frau auf?"
„Die gebrauchte Ausreden, um technische Informationen zu kriegen, war versiert, begriff sehr rasch, erfand dabei äußerst geschickt Ausreden bei allen Nachfragen während des Gesprächs."
„So hat es dir der Kfz-Meister berichtet?" Die Kommissarin zweifelt, sie kennt Müllers Fantasie.
„Ja", bestätigt Müller, „so habe ich es verstanden."
„Jetzt haben wir schon zwei Verdächtige: Einen Mann und eine Frau, resümiert Magdalena Jäger, wenn man auch dem Fußabdruck samt Parkabschnitt glaubt."
„Drei", berichtigt Müller.
„Wieso?"
„Der Mörder war der Gärtner ..." Müller feixt.
„Fischer? Der ist", bestätigt die Kommissarin, „freilich am meisten belastet."
„Außerdem", ergänzt Müller „hörte ich von Nachbarn, es habe öfter bei Fischers Streit gegeben. So hätten wir schon drei."

„Am Anfang müssen wir von fast allen ausgehen“, räumt die Kommissarin ein. „Aber hattest du nicht an einen anderen Dritten gedacht?“

„Walter Krüger, den Hilfsgärtner.“

„Was ist mit dem?“

Müller denkt einen Moment nach, fasst dann kurz zusammen: „Der ist Gewalttäter, vorbestraft, hat kein Alibi und ist finster.“

„Na, prima“, bestärkt Magdalena Jäger, „der ideale Täter. Den überlasse ich dir, ich gehe zu Steinlein, mal sehen, was der von Holland weiß.“

„Und wer saß im Bulli?“ Der Inspektor schiebt der Kommissarin den Kaffee hin.

Die greift zur Tasse und orakelt: „Vielleicht die Gärtnerin.“

2.

Klaus-Dieter Steinlein schippt Bauschutt auf seine Schubkarre. Die Terrasse seines Siedlungshäuschens soll wieder schön werden, nachdem der Ausgang verbreitert und die neue Tür eingesetzt ist. Er ist stolz auf seine handwerklichen Fähigkeiten, die sich nicht nur auf seinen Beruf als Elektroingenieur beschränken. Den übt er freilich schon fast ein Jahr nicht mehr aus, seit er betriebsbedingt gekündigt ist. Mit seinem geringen Arbeitslosengeld kann er nicht viel für das Haus tun. Immerhin ist er froh, keine Miete zahlen zu müssen. Bisher hatte er mit Bewerbungen kein Glück, aber noch gibt er nicht auf. Alles könnte gut sein, denkt er, wenn nicht der Ärger in der Kirchengemeinde wäre.

Die Hausklingel ertönt. Er geht zur Ecke, sieht hinter den Büschen jemand vom Rad steigen, so wie das geschieht, kann das nur eine Frau sein. Er blickt genauer hin, stößt einen Seufzer aus: „Ach je!“ Dass er damit den Namen seines Herrn und Meisters Jesus unnütz führt, weiß er. Die Kommissarin öffnet die Gartenpforte. Beide gehen aufeinander zu. Klaus-Dieter Steinlein devot und griesgrämig – Magdalena Jäger grüßt freundlich distanziert: „Die Polizei im eigenen Haus – nicht gerade erwünschter Besuch.“

„Nee, nirgendwo“, bestätigt Steinlein und fügt hinzu: „Sie brauchen nur mal Kraftfahrer beobachten: Sonst sind sie untereinander Hund und Katze, aber vor Polizeikontrollen warnen die sich gegenseitig.“

„Und doch geht's ohne Polizei nicht“, wirft die Kommissarin ein, „die vertritt den Staat und damit Sie.“

„Mich?!“ Klaus-Dieter Steinlein empört sich. „Ich bin nicht der Staat, der steht uns Bürgern gegenüber. Wir sollten mal aufstehen und zuschlagen wie ein Mann!“ Steinleins kleine Stimme wird schrill. „Soll ich Ihnen mal erzählen, was gerade das Gesundheitswesen meinen alten Eltern antut?“

„Ich denke“, wehrt Magdalena Jäger ab, „das erzählen Sie mir ein anderes Mal.“ Sie hält kurz inne, spürt, wie nötig es wäre, mit ihm über seine Probleme zu reden. Aber jetzt folgt sie einer anderen Spur. „Ich muss Sie zunächst um Verständnis bitten, dass wir im Fall Annerose Fischer das Umfeld kennenlernen wollen. Also reden wir mit allen, die Kontakte zu dieser Frau haben.“

„Ja, ja“, stimmt Steinlein eilig zu, „nur habe ich zu dieser Frau keine privaten Kontakte.“ Er führt die Besucherin in sein Wohnzimmer. Während sie sich hinsetzt, fragt er: „Sind Sie immer mit dem Fahrrad unterwegs?“

„In der Stadt, ja. Über Land fahre ich freilich mit dem Auto.“

Wieder stimmt er zu, er fürchtet dabei selbst, ihr nach

dem Munde zu reden: „Die Wege in unserer kleinen Stadt sind kurz."
„Sie fahren auch gern mit dem Rad?"
„Wenig."
„Wie ich sehe", Magdalene Jäger hatte am Eingang eine gepflegte Karosse in der Sonne glänzen sehen, „steht Ihr Auto vor der Tür."
„Ja, ich fahre mit beiden."
„Auch gern weite Strecken?" Sie langweilt das Gerede, aber sie hofft, ihn dabei auf ihre Spur bringen zu können.
„Nicht mit dem Fahrrad, das hab ich nur in jungen Jahren gemacht." Seine Stimme wird aggressiver, noch bedient er diese Abfragerei, jetzt aber deutlich genervt. „Natürlich fahre ich auch weite Strecken."
„Waren Sie dieses Jahr schon im Urlaub?"
„Kurz, so um Ostern mit meiner Frau."
„Und wo waren Sie da?"
Er sieht für die Frage keinen Anlass. „In Holland", gibt er gequält zu.
„Schön, da waren wir letztes Jahr auch", sie zeigt Interesse. „Waren Sie auch im Norden?"
„Im Norden?" Er stockt, wiegelt dann rasch ab: „Nein, wir waren in der Mitte, in Amsterdam und in Harlem."
„Besonders eindrückliche Städte", bestätigt Magdalena Jäger. „Wir waren in Alkmaar und in Schoorl, in Alkmaar haben wir den Käsemarkt erlebt und in Schoorl den Wochenmarkt. Sie waren nicht dort?"
„Warum denn das", wehrt er sich. „Da waren wir niemals. Aber Sie sind doch nicht gekommen, um sich mit mir über Holland zu unterhalten?"
„Nein, das hat sich nur so ergeben." Sie beendet den plaudernden Ton, spricht gezielt: „Ich verstehe die Spannungen in Ihrer Kirchengemeinde nicht. Wie ich neu-

lich schon sagte, will ich wissen, was da los ist. Mich beschäftigen am meisten die Beziehungen der einzelnen Beteiligten zueinander. Ich frage Sie noch einmal nach Annerose Fischer, wie würden Sie Ihre Kontakte zu ihr bezeichnen?"
„Alles andere als privat, ich kenne sie nur von der Kirche her. Wie Sie wissen, sind wir zusammen im Gemeindekirchenrat."
„Und von daher wissen Sie, wie sie ist?"
Steinlein schweigt. Seine krause Stirn zeigt unfrohe Gedanken. Die Kommissarin beschließt, ihn noch mehr zu beunruhigen: „Besser, Sie sagen gleich, dass Sie Frau Fischer nicht mögen."
Ihre Spontaneität bricht ihn auf.
„Was heißt hier nicht mögen", poltert er plötzlich los, „die Frau geht einem mit ihren Angriffen auf die Ketten und außerdem ist sie immer der Meinung von Nieburg."
„Den Sie auch nicht mögen."
Er schweigt, darüber erschrocken, wie er sich hat hinreißen lassen, und erkennt: Solche spontanen Leute locken mich aus der Reserve. Selbst spontan, wundert sich der Topf über den Tiegel.
„Und Sie fühlen sich von Katrin Fischer angegriffen?"
„Ja, schon öfter – auf den Sitzungen."
„Am meisten auf der letzten?"
„Ja."
„Erzählen Sie, was hat Sie da besonders gereizt?"
Steinlein gönnt sich eine Pause. So wie das Tempo hier läuft, kann er nicht nachdenken. Er will nicht ungeschützt Dinge preisgeben, die er lieber für sich behalten möchte. Magdalena Jäger betrachtet ihn, entdeckt: Der schwitzt ohne Schweiß, sitzt aufreizend trocken vor mir und hechelt dabei in seiner Seele. Sie hakt nach: „Ich

kann auch andere fragen, aber besser Sie sagen selbst, was da geschah."
„Ich hatte den Pfarrer kritisiert – ich glaube, das hat Bräsig neulich schon berichtet – und Frau Fischer vertrat natürlich Nieburgs Meinung."
„Was heißt natürlich?"
„So ist das immer."
„Sie ist immer seiner Meinung?"
„Ja."
„Und was ist daran so schlimm?"
„Schlimm ist, dass sie nicht Recht hat!"
„Meinen Sie damit: Sie ist nicht Ihrer Meinung?"
„Das kommt auf dasselbe hinaus."
„Ach." Die Kommissarin lehnt sich zurück. „Haben Sie immer Recht?"
„Natürlich, was soll denn das? Ich meine: Wenn ich Recht habe, dann habe ich Recht."
Jetzt schwitzt er wirklich. Magdalena Jäger überkommt fast Mitleid, nutzt aber lieber den Augenblick: „Wer war mit Ihnen in diesem Recht?"
„Bräsig, Thiele, und ... und ..."
„Also, Sie drei waren sich einig gegen Frau Fischer und Herrn Nieburg", stellt die Kommissarin fest. „So ist das immer?"
„Was heißt immer", er blickt sie aus geduckter Haltung an.
„Ob Sie immer mit Bräsig und Thiele jeweils gegen Nieburg und Fischer einig sind?"
„Ja, schon." Wieder merkt er, wie er dem Tempo nicht gewachsen ist. Jetzt will er Zeit gewinnen. „Ein Baufahrzeug holt gleich den Schutt vor meinem Grundstück ab, ich muss ihn hinausschaffen."
„Na schön." Die Kommissarin steckt ihren Block ein, den

sie nicht benutzt hat. Sie kann gut behalten, was sie erfahren hat, zumal hier die meisten Informationen mehr in der Art als im Inhalt zu finden sind. Ehe sie geht, gibt sie Steinlein zu bedenken: „Übrigens war der Festausschuss im Rathaus nicht am Tatabend, sondern zwei Tage später!"

3.

Magdalena Jäger lenkt ihr Fahrrad in die Birkenstraße, sie will Frau Thiele aus ihrer Reserviertheit locken. Aber noch weiß sie nicht, wie sie das schaffen soll. Sie findet die Frau beim Jäten im Garten. Gehört kann sie die Besucherin nicht haben, eher fühlt sie sich beobachtet. Sie richtet sich auf. „Ach, Sie schon wieder."

Begeistert ist heute kein Mensch, der mich sieht, denkt die Kommissarin, dabei öffnet sie die Gartentür. „Darf ich?"

Reinhilde Thiele zuckt mit den Achseln und nimmt gleichmütig ihre Arbeit wieder auf.

Einen Moment steht die Kommissarin ratlos neben der Gebückten, dann sagt sie: „Ich kann auch ein anderes Mal kommen."

„Na, wenn Sie schon mal hier sind, können Sie auch reinkommen." Sie richtet sich auf und geht zur Haustür, lässt aber die Besucherin nicht vorangehen. Im Wohnzimmer fragt sie gelangweilt: „Und ... was gibt es heute?"

„Nichts Besonderes", erwidert Magdalena Jäger betont heiter, sie will sich nicht provozieren lassen. „Ich war gerade bei Herrn Steinlein. Wie Sie wissen, wohnt der ganz in Ihrer Nähe." Sie sieht bei ihren Worten in Frau Thieles Augen etwas Lauerndes.

„Und?"

„Kennen Sie Herrn Steinlein näher?"
„Nur von der Kirche her und ... von einer Arbeitsgruppe im Rathaus. Sonst kennen wir uns nicht."
„Was ist das für eine Gruppe?"
„Für Stadtgeschichte, zugleich zuständig für die 800-Jahrfeier der Stadt. Und ... warum fragen Sie mich nach diesem Steinlein?"
„Ich frage manchmal nicht gezielt", gibt Magdalena Jäger gelassen zurück, „meine Gedanken sind mit mir von Straße zu Straße Rad gefahren."
„Die fahren mit Ihnen wohl immer" – Reinhilde Thiele genießt ihren Hohn – „und kommen mit Herrn Steinlein bei mir an?"
„Ja, weil ich mehr und mehr merke: Sie haben miteinander anscheinend nur ein Problem, das heißt Nieburg plus Fischer. Ja?"
„Ja, und ... da kann ich Ihnen aber gar nicht helfen." Sie steht plötzlich auf, geht zur Tür. „Wenn Sie mal Konkreteres wissen wollen, dann können Sie gern wiederkommen."
Die Besucherin folgt ihr. Plötzlich fragt sie den muskulösen Rücken der vor ihr gehenden Frau: „Haben Sie, sozusagen von Frau zu Frau, etwas gegen Frau Fischer?"
Dass diese korpulente Frau sich so rasch auf der Stelle drehen kann, hätte die Kommissarin nicht für möglich gehalten, erschrocken fährt sie zurück, zumal das wütende Gesicht sie anzischt: „Was wollen Sie damit sagen?"
„Ich sagte ja schon", erwidert Magdalena Jäger, „ich bin nur mit meinen Gedanken unterwegs." Dabei geht sie an Reinhilde Thiele vorbei aus dem Haus.

4.

Sie schließt die Wohnungstür auf. Kaum ist sie im Flur angekommen, flackert schon das Guckloch in der Tür ihrer Vermieterin. Die Achtzigjährige ist ein Original. Das Guckloch zum eigenen Korridor ist eine ihrer Erfindungen, andere sind die Hinweise an den Fenstern: Bitte nicht hinausfallen! oder die in Einheitsgröße bereitgestellten Pantoffeln neben einem Kasten mit Putzzeug, Schuhlöffel und Schnürsenkeln am Eingang.
Frau Henkel ist besorgt um ihre Untermieterin. Stolz, eine richtige Kommissarin bei sich wohnen zu haben, vermutet sie: Die arbeitet zu viel und isst zu wenig. Jetzt öffnet sie rasch ihre Tür, sagt nicht Guten Tag oder Guten Abend, sondern: „Es ist noch Suppe da!"
„Aber Frau Henkel, das ist sehr lieb, ich danke für Ihre Mühe, nur: Ich bin zu müde!"
„Dann wird Sie die Suppe aufwecken!" Sie schlurft in die Küche zum Herd, setzt den Suppentopf auf und schaltet die Herdplatte an. Dabei erzählt sie der ihr in die Küche Folgenden: „Sie haben Post, aber es ist nichts Wichtiges."
Magdalena Jäger legt die Umschläge und Prospekte neben sich auf den Küchentisch.
An ihrem Kochherd fragt plötzlich Frau Henkel, während sie in der Suppe rührt: „Sind nicht alle Leute Täter?"
„Ja", räumt Magdalena Jäger ein, „aber nicht alle sind Kriminelle."
Die Wirtin dreht sich um und spricht in das müde Gesicht ihrer Mieterin hinein: „Und Sie sind eine Kriminale."
„Prima, Frau Henkel, wie Sie Kriminelle und Kriminale unterscheiden."
„Ja, ja", foppt die Alte ihren Gast, „außerdem sind Sie die Jägerin und fangen Opfer." Magdalena Jäger lacht.
„Ach je", schreit plötzlich Frau Henkel auf, dreht sich um

und reißt die Suppe vom Herd. „Bei dem Gerede brennt die Suppe an!"

5.

Abend am alten Deich. Hier ist die Welt noch sich überlassen. Keine Lampe schneidet Dunkelheit auf. Kein Schatten zeichnet Büsche. Es dämmert überall gleich und verbirgt den Radfahrer auf dem Trampelpfad zwischen den Wiesen. Hinauf zum Deich tritt er in die Pedalen. Er ruckelt über den holpernden Damm zum Schuppen, der neben der Tuchfabrik steht.

Gleich den anderen, trifft der Radfahrer hier mit schwarzem Binder auf grauem Hemd ein. Er spricht kein Wort, vereinbart ist Schweigen. Eine Sturmlaterne blakt. Er kassiert. Jeder gibt fünf Euro. Er trägt die Summe in Mitgliedsbücher ein. Das ist seine Idee. Seine Ordnung. Die hat er auch bei der Jungen Gemeinde angewandt, als er die leitete: bei jedem Erscheinen Eintrag ins Mitgliedsbuch. Das hat der Pfarrer übelgenommen.

G - O - S steht auf den Büchern: Gemeinschaft für Ordnung und Sicherheit. Hier regieren Ideale, notfalls mit Gewalt.

Der Gruppenführer geißelt die gegenwärtige Gesundheitsreform. Er berichtet vom Vater eines Gruppenmitgliedes, der sei einen Tag nach einer Meniscusoperation aus dem Krankenhaus entlassen und auf die Straße gestellt worden, musste sich dort ein Taxi besorgen, in das er mit seinem steifen Bein kaum einsteigen konnte. „Und warum?" Der Redner hebt seine Stimme: „Weil man eine gründliche medizinische Betreuung und physiotherapeutische Versorgung abgeschafft hat – das verbietet die Reform!"

Die Gruppe murrt. Einer ruft: „Denen sollte man Feuer unterm Arsch machen!"
„Zumal dann", fügt der Gruppenführer hinzu, „wenn die zuständige Ministerin erklärt: Die Bevölkerung ist an der Kostensteigerung selbst schuld!"
„Und dabei", ruft einer empört, „streichen die Kassen satte Gewinne ein!"
Tags darauf brennt in Hartenberg die Dienststelle der Bundesagentur für Arbeit. Eine Bekennerschreiben teilt am Tatort mit: Als Dank für die Gesundheitsreform. Inspektor Müller ermittelt. Täter findet er nicht, aber er schreibt die Erkenntnis auf: Menschen kamen am Tatort nicht zu Schaden, im Land offenbar doch.

6.

Plötzlich ist der Sommer zurückgekehrt. Der schlägt mit solcher Wucht zu, dass Menschen und Vieh nur noch dürsten. Das Wasser in den Viehtränken verdunstet; neue Berieselungen müssen zu den Feldern verlegt werden. Auf dem Markt bieten Stände von Cafés und vom Ratskeller täglich teurere Getränke an. Die wachsende Nachfrage sichert reichlich Absatz. Vor allem leert die Hitze Schulen. Lehrer und Schüler haben hitzefrei.
Die steingewordene Welt der Stadt speichert tagsüber genug Energie, um auch nachts Schweiß treiben zu können. In solcher Nacht treffen sich zwei im Brau- und Bürgermeister-Haus Ehrenfried Vogelsang in der Hohen Straße. Das älteste Haus der Stadt wird gerade saniert, sein Eingang ist hohl und dunkel. Sie schleichen auf morscher Holztreppe nach oben. Mondlicht, das durch ein Fenster vom ersten Stock fällt, sprenkelt das düstere Treppenhaus, das muffig riecht und eine feuchtklebrige Schwüle verbreitet.

Im ersten Stockwerk angekommen, zündet einer der beiden nächtlichen Besucher eine Kerze an, während der andere meint: „Eine Taschenlampe wäre besser, hier könnte Holz wie Zunder brennen."
„Ist zünftiger so", sagt die andere Stimme, „wir kehren hier ins 16. Jahrhundert ein, da gab es nur offenes Feuer." Sie gehen zum Wappen des Holländer Michel, der eigentlich Michiel van Velden hieß und in diesem Haus im 17. Jahrhundert als Braumeister lebte. Der habe, so wird seit Jahrhunderten erzählt, hier einen Knecht erschlagen. Das Blut sei durch die Dielung getropft. An diesem Wappen, das die biblische Geschichte von der Opferung Isaaks darstellt und unter dem die niederländische Schrift „het offeren van isaac" steht, fassten die beiden vor Wochen einen geheimen Beschluss zu einer gewaltsamen Tat.
Von der Diele tragen sie die blakende Kerze in einen Nebenraum, auch dort finden sie eine Schrift an der Wand, lange schon verblasst steht da: Quid facid ut ne tenent crimina, sed fides et iustitia.
„Was bedeutet das?"
„Ich glaube", weiß der eine, „das bedeutet: Vermeide Unrecht ... Warte mal, wir haben in der Schule darüber gesprochen, ich erinnere mich, dass es da um Religion und irgendwie um Recht ging. Ja, jetzt weiß ich es wieder: ‚Vermeide Verbrechen, bewahre Glaube und Gerechtigkeit.'"
„Gut, was?"
„Ja, Glaube und Gerechtigkeit – das passt. Passt das auch zu uns?"
„Na, eh! Hast du Verfolgungswahn? Wir haben gute Gründe. Warum wolltest du mich eigentlich unbedingt sprechen?"

„Ich habe Angst. Die Kommissarin geht durch die Häuser und stellt seltsame Fragen.“
„Angsthase! Was kann schon passieren? Auf unsre Spur kommt niemand. Gerade dadurch, dass wir gar keine Spuren gelegt haben, laufen alle in die Irre.“

7.

Magdalena Jäger freut sich einen Tag lang auf den Abend. Da wird sie Hubert Welsecke besuchen, den sie seit dem ersten Gespräch nicht vergessen hat. Schade, dachte sie seither öfter, die besten Männer sind entweder vergeben oder verpflichtet, beides läuft auf dasselbe hinaus. Sie lebt allein. Eine langjährige Beziehung ging vor einigen Wochen zu Ende.
Am Vormittag ruft sie die Haushälterin an, fragt: „Worüber würde sich Herr Welsecke ...“
„Sie meinen den Herrn Pfarrer“, unterbricht Frau Wagner sofort.
„Ja, über welches Mitbringsel würde sich der Herr Pfarrer freuen?“
„Ist das ein privater oder dienstlicher Besuch?“ Etwas spitz, diese Frage, empfindet Magdalena Jäger. Aber sie erklärt unbefangen: „Beides.“
„Nun ja ...“ In der Leitung breitet sich ratlos ein Nachdenken aus.
„Was isst oder trinkt er gern?“
„Zum Beispiel Rotbarsch.“
„Danke, das wär's.“

Sie besorgt frischen Rotbarsch und gibt ihn in die großen Hände von Hubert Welsecke. Dabei sagt sie: „Statt Blumen.“

Er ziert sich nicht, dankt und sagt: „Schön, dass Sie mir was mitgebracht haben – und noch dazu das, was ich gern esse.“ Das Papier, von seiner Hand aufgewickelt, gibt frischen Fisch frei. Er bringt den Fisch in die Küche und nimmt sie dorthin mit. Drinnen erklärt er: „Wäre hier meine Küche, sähe alles anders aus. Aber etwas Eigenes habe ich nicht.“
„Wie sähe das denn aus?“ Neugierig blickt die Frau zwischen dem Mann und dieser nahezu normgerechten Küche hin und her.
„Wie ein gutes Essen: lecker und gemütvoll.“
Das glaubt sie sofort. Sie mag sein barockes Wesen, das Lebenslust herzeigt. Aber nicht nur das gehört zu seiner Art, immer auch eine lebensnahe Religiosität. So fügt er jetzt hinzu: „Iss so, als wäre es das letzte Mal. Du weißt nicht, ob du jemals wieder Rotbarsch schmecken wirst.“

Köstlich der Wein! Welsecke hat die Gläser gefüllt und genießt mit ihr den ruhigen Abend. Aber nach einer Weile unterbricht sie die Behaglichkeit mit ihrer Sorge: „Ich fürchte, in diesem Fall auf ein böses Geheimnis zu stoßen.“
„Sie meinen in der evangelischen Gemeinde?“
„Ja.“
Nach kurzem Schweigen bestätigt er: „Ich fürchte, da haben Sie Recht.“
„Die Feindschaft gegen Nieburg ist nicht begründet“, grübelt sie, „er mag etwas Weltverbesserliches an sich haben, das die Leute stört, aber ...“
„Schlimmer noch: Er ist missionarisch: er redet über seinen persönlichen Glauben oder besser gesagt über seine Zweifel auf der Kanzel. Damit kann nicht jeder leben.“

„Man bräuchte Großmut dazu", überlegt die Kommissarin, „oder Toleranz."
„Davon gibt es in dieser Gemeinde nicht allzu viel. Im Gegenteil; da ist eine Gruppe, die bestreitet dem Pfarrer seinen Glauben. Wer nicht wie diese Gruppe glaubt, dem wird der Glaube abgesprochen."
„Also muss er mit Gegnern ständig rechnen."
„So ist es. Aber ob man Gegner oder Feinde hat, ist doch wohl ein Unterschied."
„Hier beginnt also das Geheimnis."
„Hier beginnt das Motiv, noch nicht das Geheimnis." Bei diesen Worten greift Welsecke zur Weinflasche und schenkt neu ein.
„Das Motiv wäre also in Nieburgs Art begründet, die Gegner weckt", fasst Magdalena Jäger zusammen, fügt aber hinzu: „Da müssen freilich Leute auch bereitstehen, sich wecken zu lassen. Aber nun", will sie wissen, „worin besteht das Geheimnis? Ich muss es finden, anders kann ich das Verbrechen nicht aufklären."
„Worum ich Sie nicht beneide. Ich befürchte, hier handelt es sich um eine Art Stellvertretung."
„Wer soll hier wen vertreten?" Sie stellt ihr Glas hin, blickt dabei in die großen runden Augen von Hubert Welsecke.
„Nieburg selbst hat mich darauf gebracht. Er sprach neulich von Isaaks Opferung durch Abraham. Ich meine die biblische Geschichte ..."
„Die kenne ich."
„Diese Geschichte", führt Welsecke aus, „hat Nieburg im Konfirmandenunterricht erzählt, er wollte verdeutlichen, wie das Menschenopfer vom Tieropfer abgelöst wurde. Da sprach ein Konfirmand: Mit der Kreuzigung von Jesus wird das Menschenopfer aber wieder eingeführt. Nieburg hat diese Sache auf die Kanzel gebracht."

„Das werden einige als Angriff auf ihren Glauben empfunden haben ..."
„So ist es."
„Und jetzt wollen Sie sagen", die Kommissarin lehnt sich zurück, „hier in der evangelischen Gemeinde gibt es auch so eine Art von Stellvertretung?"
„Ja", bestätigt Hubert Welsecke, „Annerose Fischer für Johannes Nieburg."

8.

Es klingelt. Martin Fischer geht zum Telefon. Ein Anruf aus dem Krankenhaus. Er wechselt nur wenige Worte, dann fährt er los.
Als er eintrifft, erklärt ihm die Stationsschwester: „Wir haben die Weisung: Wenn sich bei Ihrer Frau etwas ändert, sollen wir sofort mit Ihnen Kontakt aufnehmen. Schwester Ines sagte mir vor einigen Minuten: Frau Fischer hat die rechte Hand bewegt."
Er folgt der Schwester zum Intensivraum. Dort findet er seine Frau unverändert vor. Er setzt sich ans Bett, blickt die Bewusstlose an, wartet auf ein Zeichen. Aber es geschieht nichts. Ehe sie den Raum verlässt, rät die Schwester: „Reden Sie zu Ihrer Frau, vielleicht erreichen sie Ihre Worte."
Lange schweigt er. Dann spricht er stockend, nach dem richtigen Ton suchend: „Du, Annerose, warst, du allein bist ..." Plötzlich schiebt er alle Bedenken beiseite, spricht das, was ihm gerade wichtig ist: „Annerose, du bist eine Starke. Du hast uns versorgt und dich um uns gekümmert, ohne an dich zu denken. Ich habe darüber nie nachgedacht, du warst einfach ganz selbstverständlich für mich und Claudia da. Aber nichts ist selbstver-

ständlich. Vor allem weiß ich jetzt: Auch wer stark ist, braucht Ermutigung und Anerkennung. Du hast immer schon verdient, dass auch wir uns um dich kümmern."
Plötzlich ist ihm, als habe es ein Zucken in ihrer rechten Hand gegeben, ein ganz kleines, fast unmerkliches. Er weiß nicht, ob er sich diese Bewegung nur gewünscht hat, er greift nach der Hand, empfindet sie wärmer als beim letzten Besuch. Er streichelt und küsst sie, bittet: „Komm wieder!"

9.

Herbert Krüger war lange nicht mehr auf der Wache. Er hasst den dunklen Korridor, in dem ihn damals Hauptwachmeister Schmidt schmoren ließ, ehe der ihn hereinholte. Damals war er aus der Werkstatt abgeholt worden – nach dieser Schlägerei, zu der er sich hatte hinreißen lassen.
Auf dem Korridor gaben sie Krüger reichlich Zeit zum Nachdenken, danach gestand er: „Ja, ich habe zugelangt. Es war gemein, zu sagen: ich bin nicht gründlich in meiner Arbeit. Dabei waren die Radmuttern erst nachträglich gelockert worden, um mich reinzulegen. Die Endkontrolle hatte keine anderen Beanstandungen gefunden."
Aber jetzt muss er nicht lange sitzen. Inspektor Müller holt ihn herein, sagt: „Wir müssen Ihre Aussagen noch mal überprüfen."
„Und was gibt's?", fragt Krüger und setzt sich auf den bereitstehenden Stuhl, der dicht am Schreibtisch von Müller steht.
„Zunächst", erklärt der, „der Schimanski lief an dem Abend nicht. Der war zwar in der Fernsehzeitung ausgedruckt, aber er ist ausgefallen. Was sagen Sie dazu?"

Herbert Krüger schweigt. Was soll er jetzt antworten, er hat nicht ferngesehen. Den Grund will er nicht sagen.
„Was haben Sie an dem fraglichen Abend zwischen 20 und 21 Uhr gemacht?“
Krüger schwitzt und schweigt.
„Wir können Sie auch hier behalten“, droht Müller, „wenn Sie Zeit für die Antwort brauchen.“
„Ich war nicht in der Gärtnerei.“ Er hebt den Blick von seinen Pranken, sieht den Inspektor an und erklärt: „Mit der Sache habe ich nichts zu tun.“
Jens Müller bohrt seine Augen in die seines Gegenübers: „Und was war das für ein Streit mit der Chefin an jenem Tage?“
„Den habe ich verschwiegen, um mich nicht verdächtig zu machen.“
„Was war da?“
„Ich wollte am Freitag freinehmen. Meine Tochter brauchte mich, verstehen Sie?“
„Und die Chefin gab Ihnen nicht frei?“
„Sie sagte, ich sei noch nicht lange da und das dürfe nicht einreißen, wo kämen wir sonst hin und so ...“
„Und da sind Sie laut geworden?“
„Nicht sehr.“
„Na, wie Frau Richter sagt, reichte es.“
„Was meinen Sie, wie das ist, wenn ich laut werde.“
„Das wissen wir“, Jens Müller feixt, „darüber haben wir hier eine Akte.“
Eine Weile bleibt es still im kleinen Büro. Ein fetter Brummer fliegt zum Fenster herein, kreist um die beiden Männer, die ihm mit den Augen folgen. Dann fliegt das Insekt wieder aus dem Fenster hinaus.
„Sie kommen hier nicht davon“, erklärt der Inspektor,

„bevor Sie mir nicht sagen, was Sie am Tatabend gemacht haben."
Deutlich ist Krüger anzusehen, wie sehr er mit sich kämpft. Er schnieft, wischt sich mit einem Taschentuch über die Stirn, wechselt einige Male die Sitzhaltung.
„Ich", er setzt zögernd an, „habe die Fischers doch gar nicht gekannt, ehe ich hier die Arbeit annahm."
„Und wie erfuhren Sie von der freien Stelle?"
„Durch die Zeitung."
„Die Verweigerung durch Frau Fischer dürfte Ihren impulsiven Charakter angestachelt haben."
„Aber doch nicht zu einem Mord. Ich glaube auch nicht, dass da einer plötzlich gehandelt hat, sondern eher geplant."
„Da dürften Sie Recht haben. Also, wo waren Sie?"
Resigniert die Stimme von Herbert Krüger: „Ich war bei Hoffmann."
„Wer ist Hoffmann?"
„Ein ehemaliger Kollege."
„Doch nicht der, der gerade aus dem Gefängnis entlassen ist?"
„Doch, genau der."
„Und was haben Sie dort gemacht?"
„Was besprochen."
„Und was?"
Krüger schweigt.
„Na gut, wir werden das überprüfen." Jens Müller steht auf, fordert: „Inzwischen verlassen Sie die Stadt nicht!"

10.

„Guten Tag, Herr Kommissar!“ Die dicke Frau wischt sich den Schweiß von der Stirn, sie leidet unter dem zurückgekehrten Sommer.
„Inspektor“, berichtigt Jens Müller.
„Wie?“
„Ich bin Inspektor Müller. Kommen Sie wegen einer Anzeige?“
„So ungefähr.“
„Und wie heißen Sie?“
„Käthe Meister.“
„Nehmen Sie doch bitte Platz.“
„Danke.“ Eine Weile hockt sie stumm auf der Stuhlkante und atmet schwer. Plötzlich behauptet sie: „Also, ich habe ihn gesehen.“
„Wen haben Sie gesehen?“
„Den Mann bei den Fischers. Sie haben doch in der Zeitung geschrieben, man soll sich melden, wenn man dort was gesehen hat – ich habe ihn zweimal gesehen.“
Jetzt begreift Jens Müller, worauf die Frau hinaus will: „Sie sprechen von meinem Aufruf im Stadtanzeiger?“
„Genau von dem rede ich. Ich war verreist. Aber ich hebe die Zeitung immer auf. Und gestern Abend habe ich die Zeitungen gelesen, und da sah ich ihn wieder ...“
„Bitte, erzählen Sie genau, was Sie gesehen haben.“
„Ich gehe immer abends mit dem Hund raus, so gegen halb neun oder eher. Ich wohne an dem Lehrpfad, der hinunter zur Gärtnerei führt. Wissen Sie, der, der die Pflanzen beschreibt ...“
„Ja, ja ... und?“
„Also da komme ich immer bei den Fischers vorbei. Und einmal sehe ich da an der Hecke vom Grundstück einen Mann. Sein Gesicht war nicht zu sehen. Als ich zurück-

kam, stand der immer noch da. Mich konnte der nicht sehen. Ich ging weiter unten, Sie wissen doch: der Weg ist hohl, so unten am Walde, da guckte ich nur mit dem Kopf raus."
„Ich verstehe. Und dann?"
„Und dann, vielleicht drei Tage später, ich glaube, das war der Abend vor meiner Reise, ja, das war er, da rannte der hinter der Hecke vor und lief fort, also: runter in die Stadt."
„Reden Sie von dem Abend, an dem Katrin Fischer angefahren wurde?"
„Genau von dem rede ich. Das konnte ich aber nicht wissen, erst gestern Abend, wo ich das gelesen habe, weil ich doch verreist war."
„Wie spät war das?"
„Wann ich gelesen habe?"
„Nein, wann Sie den Mann fortrennen sahen."
„So gegen neune."
„Kannten Sie den Mann?"
„Nein."
„Wie sah er aus?"
Sie streicht ihr Kleid über ihrem Schoß glatt, denkt: Ich muss die Falten rausbügeln. „Wie sah der aus", sagt sie zu den Falten, blickt dann zu dem Inspektor auf, erklärt: „Ich sagte ja schon: Sein Gesicht konnte ich nicht sehen."
„War er groß?"
„Nein, eher kurz, höchstens mittelgroß."
„Vielleicht so ein Meter fünfundsechzig?"
„Könnte sein."
„Wie war er gekleidet?"
„Jacke und Hose, nein Pulli und Hose. Genau weiß ich das nicht, war ja schon bisschen dunkel, und der war ein Stückchen entfernt. Aber, wenn ich mich nicht irre, war das so."

„Konnten Sie die Farben erkennen?"
„Nee."
„Auch nicht von den Haaren?"
„Die Haare? Also grau oder weiß waren die wohl nicht."
„Vielleicht blond oder schwarz?"
„Also, die waren weder sehr dunkel noch sehr hell."
„Sind Sie bereit, die Angaben mit Ihrem Namen und Ihrer Adresse zu Protokoll zu geben?"
„Na klar, dazu bin ich doch hier."

11.

Hoch oben auf der Orgelbank überblickt sie das gesamte Kirchenschiff. Um sie her neigen sich schlanke Gewölberippen sandsteinhell zur Mitte. Zusammengefasst wie Stängel in einer Vase münden sie im Gewölbeknoten, dem Schlussstein. Aber schon schwingen sie sich zum Schiff zurück, in weiten Bögen durch das weiße Gewölbe gespannt, bündeln sich die Rippen in Pfeilern. Da stehen sie nun zu Säulen gestrafft, um im Sockel zu gründen.
Das ist Kirche, denkt sie, während sie mit ihren Augen ins Kirchenschiff zurückkehrt. Gelehrt hat man sie in der Ausbildung: Die Gemeinde ist die Kirche. Aber für sie heißt dieses Haus Kirche: die gotische, dreischiffige Hallenkirche mit ihrer ungewöhnlichen Weite, in der Lunge und Seele atmen können, während der Körper sich von der Arbeit erholt.
Schön findet sie, dass die schlanken Säulen kaum die drei gleichbreiten Schiffe unterbrechen können. Eigentlich sind es Stämme, denkt sie. Sie glaubt: Die gotischen Baumeister müssen etwas von Bäumen verstanden haben, sonst hätten sie nicht Leben in Steine stiften können.

Gerade beschließt sie, mit ihrem Orgelspiel zu beginnen, da geht die Kirchentür auf, ein kleiner Mann kommt herein. Wie der schleicht. Sie glaubt, ihn schon gesehen zu haben. Mit ihren Augen folgt sie tief unten in der Halle seinem müden Gang. Der lässt sich jetzt im Seitenschiff unter einer Empore nieder, dort knickt er in sich zusammen.
Was hat der? Sie überlegt, ob sie zu ihm gehen und ihm beistehen soll. Aber sie vermutet ihn im Gebet versunken. Lange sitzt sie oben auf ihrer Orgelbank und der Mann unten auf seiner Kirchenbank. Dann richtet er sich auf, strafft sich, bleibt aber sitzen. Sie dreht sich zur Orgel um, blättert in den Noten, spielt das Stück, das sie sich vorgenommen hat und das sie ganz und gar braucht: die Triosonate in c-Moll von Johann Sebastian Bach. Die Klänge tanzen durch das hohe Haus, weiten den Raum zum All und kehren zu der Spielenden zurück.
Plötzlich spürt sie Gefahr. Mitten im Takt bricht Karin Nieburg ab, blickt sich um. Sie verletzt sich an dem stechenden Blick von Klaus-Dieter Steinlein.

12.

Magdalena Jäger blickt aus dem Fenster ihres Büros und sagt: „Ich sehe vor lauter Sonne die Stadt nicht. Vor allem ist mir zu heiß zum Arbeiten. Und da wir auf der Stelle treten, habe ich gar keine Antriebe, am liebsten führe ich ans Meer."
Müller entgegnet: „Dabei haben wir zugenommen an Alter und Erkenntnis; ich meine: Seit unserer letzten Besprechung ist einiges geschehen, was aber eher in den Bereich Psychologie als zur Kriminalistik gehört. Immerhin: Käthe Meister hat ihn gesehen."

„Wer hat wen gesehen?“ Den Gedankensprüngen Müllers kann sie wieder einmal nicht folgen.
Müller berichtet, was die Zeugin gesehen hat. Danach fasst er zusammen: „Der Mann ist eher klein als groß. So sehen viele aus. Vielleicht hat er braune oder dunkelblonde Haare. Was hältst du davon, wenn wir den Journalisten mal davon paar Andeutungen geben mit dem Appell: Wer hat ihn gesehen?“
„Ja, das mach mal.“ Sie denkt einen Moment nach, dann sagt sie: „Bei meinem Besuch im Haus von Steinlein zeigte der Mann schwache Nerven. Wenn der etwas damit zu tun hat, schließlich ist er auch eher klein als groß, dann wird der nach einer solchen Zeitungsmeldung noch mürber. Das wäre nicht schlecht ... Übrigens zeigt er eine ausgesprochene Feindschaft sowohl gegen Nieburg als auch gegen Annerose Fischer.“
„Und Herbert Krüger hat gelogen.“
„Ja?“
„Der hat nicht ferngesehen, der war bei einem Knastologen, wahrscheinlich um ein Ding zu drehen. Morgen lasse ich ihn noch mal kommen.“
„Hast du mit dem Knast-Typen gesprochen?“
„Nein, der ist unbekannt verreist.“
„Na prima. Und was haben wir noch?“ Die Kommissarin überlegt. „Ach ja, noch was von Steinlein: Gestern hat Annerose Nieburg Orgel gespielt, da sei er in die Kirche geschlichen, später ist er zur Orgel hochgestiegen und habe Frau Nieburg eine ziemliche Angst eingejagt. Ich würde das nicht für schwerwiegend halten, wenn Annerose Nieburg es mir nicht als entsetzlich beschrieben hätte.“
„Hast du etwas über Nieburgs Vorgesetzten erfahren?“
„Über Werner Kleinert, ja, der leitete am Tatabend eine

Sitzung des Kreiskirchenrates. Er schätzt Nieburg als erfrischend, innovativ und anregend ein, aber leider sei er auch polarisierend in seiner Art. Übrigens kann der Superintendent den Pfarrer Nieburg nicht länger persönlich schützen. Ich hörte, er sei sehr krank. Das Herz! Er habe sich plötzlich in den vorzeitigen Ruhestand versetzen lassen."

„Dumm für Nieburg." Doch Magdalenas Miene hellt sich auf. „Noch etwas Ermutigendes: Annerose Fischer hat eine Hand bewegt."

„Das lässt hoffen." Jens Müller sieht darin ein ermutigendes Zeichen für ihre Arbeit.

13.

„Guten Tag, Frau Jäger. Hier ist Johannes Nieburg. Darf ich Sie mal kurz besuchen?"

„Besser, ich komme zu Ihnen, mein Büro ist kaum geeignet für gute Gespräche."

„Aber ja, wenn Sie wollen."

„Also bis gleich."

Er legt den Hörer auf und blickt sich um, dabei findet er: Hier ist es wirklich schön. Er holt eine Limonade aus dem Kühlschrank, da klingelt es auch schon, er öffnet. „Sind Sie geflogen?"

„Nein, Rad gefahren."

Er mag die klare Frische dieser Frau. Während er sie mit einer Geste zum Sitzen einlädt, fragt er: „Haben Sie Neues herausgefunden?" Sie merkt: Auch seine Geduld ist überstrapaziert, er möchte Ergebnisse sehen. Sie muss ihn enttäuschen.

„Zäh, noch immer kein Durchbruch", resigniert hebt sie die Schultern.

„Jetzt greift schon Martin Fischer zur Selbsthilfe. Er hat mir gestern davon erzählt."
„Und wie macht er das?"
„Er ist sicher, dass der Täter aus kirchlichen Kreisen stammt. Nun redet er zumindest mit Bräsig und Steinlein."
„Nicht schlecht – jeder Druck ist mir recht."
„Sagen Sie mal, Frau Jäger, ist Fischer aus dem Verdacht heraus?"
„Keiner ist da raus und keiner ist richtig drin. Aber wenn Sie mich privat fragen und die Kommissarin geht mal kurz raus: Ich verdächtige ihn nicht."
„Und?"
„Was wollen Sie wissen?"
„Wer dann?"
„Die Indizien sprechen für zwei Täter."
Sie trinkt von der kalten Limonade. Er schenkt nach.
„Mehr haben Sie mir nicht zu sagen?"
Sie blickt ihn mit ihren großen grauen Augen an.
Er spürt: Dieser Frau kann so schnell keiner was vormachen. Das gefällt ihm. „Das gewünschte Gespräch war ein Vorwand – ich wollte Sie aushorchen."
Magdalena Jäger lacht. „Prima, Ihre Offenheit! Was ich in der Stadt erstaunlich finde: Hier kann man am besten mit Pfarrern offen reden, wie es aber scheint, mit anderen nicht."

Was die Sprache verrät

1.

Hubert Welsecke hat seinen Freund Johannes Nieburg gebeten, ihn zu besuchen. Merkwürdig ernst war Welsecke bei seinem Anruf. Jetzt läuft er nicht wie üblich ihm fröhlich entgegen, sondern fragt sofort besorgt: „Was weißt du von Steinlein?“

„Der ist kein einfacher Zeitgenosse“, erwidert Nieburg. „Warum fragst du?“

„Ich habe von einem Bekannten merkwürdige Dinge gehört. Er sei mit Naziparolen auffällig geworden. Weißt du davon etwas?

„Damit ist er mir auch auffällig“, bestätigt Nieburg, „wiederholt stellt er Behauptungen auf, dass Hitler Ordnung geschaffen hätte, die uns heute noch guttäte. Wir haben ihn bei solchen Äußerungen gebremst und gebeten, er solle solche Reden unterlassen. Außerdem hatte er in der Jungen Gemeinde merkwürdige Ordnungsbücher eingeführt und eine Art Denunziantentum begünstigen wollen, worauf wir ihm die Aufgabe in der Jugendarbeit entzogen.“

„Hat er auch irgendetwas getan, das seine Worte unterstreicht?“

„Mein Sohn erzählte mir im Zusammenhang mit dem Attentat auf Frau Fischer merkwürdige Beobachtungen. Seine Schuhabdrücke seien am Tatort zu sehen gewesen. Marcus hat ihn im Verdacht, damit etwas zu tun zu haben.“

„Bestärkst du ihn in dem Verdacht?“

„Regelrecht bestätigt habe ich nichts. Ich versuchte aber Frau Jäger auszuhorchen. Von ihr ist keine Antwort zu kriegen. Ehrlich gesagt, verhält sich der Mann in vielerlei Hinsicht fragwürdig."
„Näheres kannst du nicht sagen?"
„Doch." Nieburg will es sich mit Verdächtigungen nicht leicht machen, jetzt bezieht er den Freund aber doch ein. „Ich habe mit Karin öfter über sein Verhalten am letzten Sonnabend gesprochen. Du weißt, an dem Abend ist die Agentur für Arbeit abgebrannt. Wir hatten tagsüber einen Referenten zu unserem Zeitzeichenseminar eingeladen. Steinlein zeigte sich den ganzen Tag über sehr unruhig. Immer wieder lobte er den Referenten und griff zugleich die Bundespolitik scharf an."
„Ging es um soziale Fragen?"
„Ja, um Mindestlohn und Renten. Das Merkwürde war, bei dem Attentat auf die Bundesagentur für Arbeit gab es ein Bekennerschreiben mit sehr ähnlichen Worten, wie Steinlein sie gegen die Sozialpolitik der Bundesregierung gebrauchte."
„Du siehst zwischen dem Thema des Seminars, dem Bekennerschreiben und Steinleins Verhalten einen Zusammenhang?"
„Ja."
„Was genau, fiel dir an ihm auf?" Welsecke will alles wissen.
„Wie ich schon sagte, er war irgendwie von der Rolle, geradezu widerwärtig schleimte er sich bei dem Referenten ein, zudem war seine Sprache noch gewalttätiger als üblich. Wir schämten uns für ihn."

2.

Jens Müller hält auf der Wache Herbert Krüger vor: „Wie wir von Helga Richter hörten, haben Sie neulich den Bulli doch gefahren. Stimmt das?“
„Ja, aber nur ein Stück auf dem Gelände, weil der im Wege stand, als die Muttererde geliefert wurde.“
„Und warum haben Sie das nicht gesagt?“
„Weil ich doch keinen Führerschein mehr habe.“
„Und wie haben Sie das Fahrzeug in Gang gebracht?“
„Hinten an der Achse. Ich kenne den Trick, bin doch Kfz-Schlosser.“
„Weiter wissen wir, dass an dem Abend, als Sie angeblich bei Ihrem verschwundenen Kollegen Hoffmann waren, in ihre frühere Werkstatt eingebrochen wurde. Ein Zeuge hat dort zwei Männer gesehen, dabei Ihren Freund erkannt. Was sagen Sie dazu?“
Wenn es still wird und gar nichts geschieht, ist das Polizeibüro wie eine tote Insel. Hier ist alles zweckdienlich im wahrsten und hässlichsten Sinne. Außer Schreibtisch und Stühle gibt es gar nichts. Der Inspektor lässt Krüger Zeit und den Raum wirken.
Aber plötzlich steht er auf, ruft Hauptwachmeister Schmidt herein und gibt die Weisung: „Führen Sie den Mann ab, der braucht Zeit zum Nachdenken.“

3.

An einem Sonnabend im August wird im Schlosshof das Mysterienspiel „Sankt Sebastian“ aufgeführt. Die Zeitangabe besagt: Das Spiel beginnt, wenn es dunkel genug ist.
Schon zeitig kommen viele. Es geschieht wenig in der

nicht großen und abseits gelegenen Stadt, so nimmt man gern dieses Angebot an und sichert sich Plätze. Am Eingang zum Schloss empfängt eine Gauklerkompanie mit allerlei Tanz, Grimassen und Kunststücken die ankommenden Gäste.
Mit wachsender Dunkelheit brennen im Schlosshof Windlichter. Diese bewirken, dass die schönen alten Reliefs und Säulen der Renaissancebauten in Schatten- und Lichtspielen hervortreten. Außerdem reißen bald auch Scheinwerfer je nach Spielverlauf den großen Wendelstein, Erker und Fenster aus der Dunkelheit.
Und schon geht's los: Aus verschiedenen Ecken kommend, bereiten Musikanten, auf alten Instrumenten lärmend, das Mysterienspiel vor. Plötzlich tritt im Scheinwerferlicht die Gestalt eines Legendenverkünders aus den Höhlungen der offenen Treppe hervor. Diese ruft: „Ihr Bürger von Hartenberg, lasst euch vom heiligen Sebastian erzählen: Zu Zeiten des römischen Kaisers Diokletian lebte er in Mailand."
Der Verkünder geht zum nächsten Stockwerk, tritt auch dort an die offene Brüstung und ruft: „In den Tagen, da unsere Geschichte handelt, war Sebastian im Auftrag des Kaisers Befehlshaber über die erste bewaffnete Kohorte. Er war beliebt beim Kaiser und in seiner christlichen Gemeinde geachtet. Beides durfte nicht zusammengehen; denn die Christen wurden damals als Staatsfeinde verfolgt. Viel wird von ihm berichtet, hört und seht ein Ereignis aus seinen Erdentagen, euch zum Gewinn."
Das Licht erlischt, das Spiel beginnt. Die Schlosskulisse passt zwar historisch nicht ganz zu der Handlung im alten Rom, aber eindrucksvoll ist das Ganze doch.
In der Pause ergeht man sich im Hof, trifft sich am Bratwurststand, trinkt Wein, redet miteinander. Viele Besu-

cher kommen aus den evangelischen und katholischen Gemeinden. Kommissarin Jäger und Inspektor Müller sehen sich um und hören zu. Eine Frau sagt zu einem neben ihr stehenden Mann: „Ich wusste bisher nicht, dass Christen Experten für Kamikaze sind.“
Der Mann bestätigt: „Das Stück ist lebensfeindlich.“
„Das würde ich nicht sagen“, widerspricht ein anderer, „eher ist es kritisch und spiegelt unsere Verhältnisse.“
Reinhard Thiele widerspricht: „Aber unsere Verhältnisse sind nicht wie die im alten Rom.“
„Sind die wirklich so anders?“ Klaus-Dieter Steinlein mischt sich ein: „Wer die Macht hat, beugt das Recht, wie schon Luther sagt: Das ist ein wunderlicher Tausch! Da sollte man mal ordentlich zuschlagen!“
Diesen Worten folgt ein betretenes Schweigen. Magdalena Jäger beobachtet, wie Klaus-Dieter Steinlein plötzlich zu wachsen beginnt, sich geradezu aufbäumt. Wie düster der aussieht, denkt die Kommissarin.
Abseits findet Roswitha Liesegang eine Bereitwillige, die sich von ihr das Ewige Leben erklären lässt: „Dort gibt es weder Konfessionsunterschiede noch Ehekrach“, ereifert sie sich.
So ist das also, denkt Johannes Nieburg.

4.

Claudia und Marcus beschließen, den Abend in Kellern unter der Stadt zuzubringen. Zwar haben sie den Rat der Kommissarin befolgt und betreiben keine eigenen Recherchen. Aber sie suchen Geheimnisse in ihrer Stadt. Claudia erklärt Marcus, dass die Kelleranlagen der Altstadt die ältesten geschichtlichen Zeugen sind. „Ich kenne einen alten Braukeller“, erzählt sie mit Eifer, „dort ist von einem Stadtbrand noch Ruß zu sehen. Das Haus, das

heute darauf steht, stammt aus der Renaissancezeit. Der Vorgängerbau war aus Holzfachwerk, der hat sicher wie Zunder gebrannt."
„Und wann war der Stadtbrand?", will Marcus wissen.
„Die beiden größten Brände waren 1442 und 1482. Damals brannte unsere Stadt bis auf ganz wenige Häuser völlig ab. Übrig blieben vor allem mittelalterliche Keller. Einen besonders schönen will ich dir heute zeigen."
„Du kannst ja richtige Vorträge halten", ruft Marcus erstaunt. „Also ab in den Braukeller!"
Sie holen Taschenlampen, um die Grüfte der abendlichen Stadt zu erobern. Unterwegs setzt Claudia ihre Erzählung fort: „Kannst du dir vorstellen: Die Einwohner gaben die Stadt nicht auf, aber auch nicht den Schutt der verbrannten Häuser. Den karrten die nicht etwa vor die Stadtmauern, sondern hoben damit die Straßen an."
„Also laufen wir jetzt nicht nur über Porphyrfelsen, sondern auch über eine Schutthalde."
„So ist es", bestätigt Claudia, froh, ihr neues Wissen an Marcus weitergeben zu können, „sie hoben das gesamte Niveau um zwei bis sieben Meter. Wenn wir heute unter die Stadt steigen, steigen wir durch den Schutt der Zeit, drehen die Uhren um mehr als 500 Jahre zurück und kehren ins Mittelalter ein."
„Spannend", meint Marcus.
Hoch und unregelmäßig sind die Steinstufen, die in den kühlen Grund führen. Modrige Luft steigt herauf. Noch etwas anderes kommt ihnen entgegen: Schritte. Im Kegel ihrer Taschenlampe sehen sie zwei blasse Gesichter, beide blicken erschrocken herauf. „Guten Abend", grüßt Marcus, auch Claudia grüßt. Der Gruß der beiden Aufsteiger ist kaum zu hören, rasch verlassen sie den Keller und fliehen in die Nacht.

„Seltsam“, sagt Marcus, während er stehen bleibt und hinauf in den Sternenhimmel blickt. „Das waren Frau Thiele und Herr Steinlein.“
„Die haben uns kaum angesehen.“ Auch Claudia blickt hinauf und meint: „So, als hätten die etwas zu verbergen.“
Benommen steigen Marcus und Claudia hinunter in das Gewölbe, dabei horchen sie auf den Hall ihrer Schritte. Unten angekommen, staunen sie über die hohen Gelasse unter Rundbögen und über dicken Ruß auf dem Porphyr – aber mehr noch sind ihre Gedanken bei dem seltsamen Paar.

5.

„Marcus Nieburg hat mich angerufen“, berichtet Inspektor Müller der Kommissarin, „er habe gestern am späteren Abend zusammen mit Claudia Fischer Frau Thiele und Herrn Steinlein in einem alten Braukeller der Innenstadt getroffen, die beiden hätten sich seltsam scheu verhalten und seien rasch davongelaufen.“ Wörtlich sagte Marcus: „Als hätten sie etwas zu verbergen.“
„Sieh mal einer an“, staunt Magdalena Jäger, „was es doch für seltsame Paarungen gibt.“
Der Inspektor holt seinen Block heraus, notiert Inhalt, Datum und Uhrzeit des Anrufs.
„Noch beweist nichts unsere Vermutungen, aber mir ist etwas eingefallen. Möglicherweise ist von der Spurensicherung vergessen worden, den Magnetschalter an der Hinterachse des Bullis nach Fingerabdrücken zu untersuchen. Die Kollegen konnten ja nicht wissen, dass dort der Anlasser gestartet werden muss.“
„Schlau!“ Müller betrachtet seine Chefin mit Anerken-

nung. „Darum werde ich mich kümmern, dazu frage ich Martin Fischer, ob das Fahrzeug seit dem Tatabend in der Wagenwäsche war."

„Mach das, und ich zergrüble mir den Kopf, wie ich an Fingerabdrücke von Reinhilde Thiele und Klaus-Dieter Steinlein herankomme."

„Heimlich, still und leise ...", trällert Jens Müller.

„Anders wird es nicht gehen, noch haben wir keinerlei Rechte für eine Vorladung. Aber die Stimme von Frau Thiele können wir uns besorgen."

„Du willst Frau Thiele anrufen und das Gespräch auf Band aufnehmen." Jens Müller begreift: „Und ich soll dann damit nach Radeburg fahren, ja?"

„Ja, das hätten wir längst tun sollen!" Sie steht auf.

„Ach, übrigens", fällt dem Inspektor ein, „ich habe noch mal mit dem Tatzeugen Mike Miehe gesprochen. Das Einzige, womit der uns dienen kann, ist der Hinweis, es habe eher eine kleinere und zarte Gestalt hinter dem Steuer gesessen. Ob es Mann oder Frau war, konnte er nicht erkennen. Steinlein ist ja wohl eher klein und schmächtig, während Frau Thiele als groß und korpulent gelten kann."

Schon im Begriff zu gehen, bleibt die Kommissarin plötzlich stehen, sagt nachdenklich wie im Selbstgespräch: „Ich grüble oft über die Meinung von Pfarrer Welsecke nach, dass es hier eine Stellvertretung gibt: Annerose Fischer für Johannes Nieburg. Mir kommt es vor, als läge dieses Thema in der Luft."

„Liegt es auch", berichtet Jens Müller, „es ist gar nicht lange her, da stand im Stadtanzeiger die alte Geschichte vom Holländer Michel im Bürgermeister-Vogelsang-Haus, der einst seinen Knecht erschlug, um die eigene Frau zu quälen, für die der Knecht in ihrer Not der einzige Trost war."

„Die Geschichte kenne ich – die sollte uns zu denken geben."
Müller sinniert: „Ja, es ist ungeheuerlich: Man tötet jemanden, um einen anderen zu quälen und ihm zu schaden ..."
„... und ihn loszuwerden", wertet Magdalena Jäger.

6.

Reinhard Thiele beobachtet seine Frau, die sitzt wie eingefroren neben ihm im Fernsehsessel; er erkennt: Sie stiert in den Bildschirm, ohne ihn zu sehen. „Was ist mit dir, Reinhilde?"
Erschrocken kommen ihre schwarzen Augen aus einer Tiefe, die der heitere Fernsehfilm nicht hat. „Was soll mit mir sein?" Ihre Stimme klingt kratzig. „Ich mag den Film nicht."
Er greift zur Fernbedienung, schaltet das Gerät aus. „Du guckst so düster – als hättest du Angst."
„Ich?" Sie presst ein Lachen durch die Lippen, das falsch klingt.
„Sag doch, was dich bedrückt, sprich es aus!" Er sieht sie bekümmert an, dabei versucht er, ihre Hand zu fassen.
Reinhilde entzieht ihm die sofort, fordert: „Lass mich!"
„Vielleicht solltest du mal wieder zum Gottesdienst gehen, der hat dir oft gut getan."
„Bei Nieburg, dem Weihnachtsmann?"
„Brauchst ja nicht auf die Predigt zu hören. Du kennst noch anderes, was dich im Gottesdienst stärkt und tröstet."
„Ach was! Im Grund sehe ich die kirchliche Tradition auch so kritisch wie Nieburg, nur liegen meine Zweifel tiefer."
Sie sieht ihren Mann spöttisch an: „Oder glaubst du an eine Jungfrauengeburt und eine Auferstehung des Fleisches?"

Reinhard Thiele schweigt. Du weiß doch, möchte er einwenden, dass ich diese Dinge nicht wörtlich nehme und mit eigenen Deutungen zurechtkomme. Aber er schweigt. Was da zu sagen ist, weiß seine Frau auch allein. Er steht auf, geht zum Fenster und blickt hinaus. Was er jetzt spricht, sagt er eigentlich zu Reinhilde, aber er spricht zum Fenster hinaus: „Schon länger weiß ich, dass du irgendetwas ausbrütest. Was willst du oder suchst du?"
„Keinen gnädigen Gott", entgegnet sie spöttisch, „eher einen gnädigen Nächsten."
„Geht es wieder um die alte Geschichte?"
„Was denn sonst."
Reden bringt hier nichts. Er weiß, wenn er auch beteuert, dass die Geschichte mit Annerose Fischer aus und vorbei ist, glaubt sie ihm ja doch nicht. Lange schon heißt das, was damals gewesen ist, „die Geschichte", er wünschte, dass es wirklich Geschichte wäre.
„Glaubst du, ich weiß nicht, wie du leidest?"
„Woran ..."
„Ich habe neulich dein Auto vor dem Krankenhaus gesehen."
„Na und?" Er wehrt ab, hilflos gegen die Eifersucht Reinhildes.
„Sag es doch endlich – was da noch zwischen euch ist! Wäre es nicht zu dem Unfall gekommen, hättet ihr einfach weitergemacht, stimmt's?"
„Das ist eine üble Unterstellung, Reinhilde, da ist nichts! Außerdem war das kein Unfall."
Plötzlich aufgeregt, will sie wissen: „Was weißt du davon?"
„Nur das, was in der Zeitung stand." Er spricht gelangweilt, dabei sieht er einem Vogel zu, der vom nahen Baum flieht.

„Wenn du wenigstens zugeben würdest, dass du sie noch liebst!“
Reinhard Thiel bleibt von ihr abgewandt am Fenster stehen und schweigt.

7.

Die Sonne springt durch steile Fenster in die dämmernde Halle, in ihren Strahlen tanzt Staub. Im neuen Glanz grüßt die Kirche ihre sonntäglichen Gäste. Deren Stimmung ist zugleich festlich und demütig. Keine Worte stören, keine Schritte lärmen. Leise beginnt die neue Woche.
Plötzlich braust Gewalt von der Empore herunter. Mit einem Präludium bricht die Orgel herein, reißt die Besucher von ihren Bänken, die stimmen ein Loblied an.
Sonntag in Sankt Marien wird angenommen. Seit die Kirche geweißt ist, kommen mehr Besucher als vorher. Sie hat den Ruf, eine der klarsten unter den Hallenkirchen zu sein, deshalb kehren auch Fremde ein, denen die Schönheit den Atem verschlägt. Hiesige Fromme sind freilich schon sehr an ihre Schätze gewöhnt, trotzdem stellen sie noch ihre Uhren nach der Gottesdienstzeit.
Von der Kanzel hallt es in die Kirche: „Ein jegliches hat seine Zeit und alles Vorhaben unter dem Himmel hat seine Stunde. Geboren werden hat seine Zeit, sterben hat seine Zeit. Lieben hat seine Zeit, hassen hat seine Zeit. Streit hat seine Zeit, Frieden hat seine Zeit ...“ Die Stimme von der Kanzel beschließt: „Ein Mensch, der da isst und trinkt und hat guten Mut bei allen seinen Mühen, das ist eine Gabe Gottes.“
Reinhilde Thiele hält sich an der Kirchenbank fest, ihr ist schon seit Langem der Appetit vergangen. Am Ende des Gottesdienstes bringt der Pfarrer besondere Anliegen

zum Hochaltar. Die meisten Besucher der Kirche kennen die Untat an Katrin Fischer und begrüßen die Fürbitte: „Erbarme dich, Gott, und wecke sie auf ..."

8.

„Run-ter bücken, run-der Rücken, run-ter ..." Er quält sich mit dem Fahrrad den Berg hinauf, hasst das Radfahren. Ihm ist, als hätte er sein Leben lang nichts anderes gemacht. Er tritt die Pedalen, dabei höhnt er buckelnd: „Wir verabschieden uns von unseren Fahrgästen, wünschen einen guten Aufenthalt und noch einen schönen Tag, und beehren Sie uns bald wieder ..."
Nie bin ich gemeint, denkt er wütend. Weder in Geschäften! – Tritt nach rechts. Noch im Betrieb! – Tritt nach links. Weder als Kind – rechts. Noch als Mann – links. Nicht von meinem Vater! – rechts. Nicht von meiner Frau! – links. Nicht mal von meiner Kirche! – rechts. So war das immer und so bleibt's! Eins links – zwei rechts – eins links ...
Schon die Jungs seiner Klasse hatten ihn verhöhnt, riefen ihm Klaus-Bärbel hinterher, klein und schmächtig wie er war, mit einem Mädchengesicht, dem ewig kein Härchen am Kinn sprießen wollte: ein Niemand! Je mehr er sich der Klasse anpasste, umso weniger wurde er anerkannt! Mitschülern und Lehrern konnte er es nie recht machen, erst recht nicht seinem Vater, von dem er zuverlässig außer Prügel nur Politik kriegte: „Die Partei, die Partei, die hat immer Recht!"
Keiner glaubt ihm. Auch Nieburg nicht. Dieser allzeit Überlegene, denkt er, für den bin ich nichts weiter als eine graue Maus ... Umsonst habe ich mich bei dem um eine Anstellung bemüht.

Er erinnert sich an die Anfänge, als der neue Pfarrer mit Schwung die Geschäfte übernahm und er den tüchtigen Mann bewunderte. Damals war die Jugendwartstelle frei. Er überbrückte die Vakanz, leitete die Junge Gemeinde ehrenamtlich. Als seine Arbeitsstelle wegbrach, bewarb er sich um die Planstelle bei der Kirchengemeinde – vergeblich, die besetzte sie mit einer jungen Frau.
Nach dieser Enttäuschung ist für ihn Johannes Nieburg nicht mehr sein Hirte oder besserer Vater, er hasst ihn: Der muss weg!
Jetzt springt er vom Fahrrad, wirft sich ins Gras. Stachlig die Halme, eigentlich fühlt er sich auf Wiesen nicht wohl. Käfer krabbeln zu ihm hoch, Fliegen saugen seinen Schweiß. Es juckt und brennt. Sonne glüht. Er ist ungeschützt.
Aber hier ist er allein, während er einen Text über Rechtsradikale aus der Jackentasche holt, der von dem Film „Blut muss fließen“ berichtet. Er liest und denkt wütend: Da hat doch so ein linkes Schwein mit versteckter Kamera eine unserer Partys gefilmt! Den sollte man totschlagen! Er liest weiter, begeistert sich für Henrich Kraut, einen aus der Bewegung. Er findet, den hatten sie im Gefängnis nicht brechen können, der würde noch eine ganz große Sache machen.
Jetzt kann ihn seine Frau nicht dafür hänseln, dass er wieder einmal ein Idol braucht. Ausgestreckt auf der Wiese liest er weiter in dem Artikel, liest von Machenschaften der Rechten in Bayern, wie die die Hand zum Hitlergruß heben und Hymnen auf Rudolf Hess singen. Der Refrain des Liedes geht ihm durch den Kopf: „Es muss Blut fließen! Blut! Blut!“ Er schraubt sich hinauf in einen Rausch: „Bis der Tod aus dem Jammertal erlöst!“

9.

Wieder genießt Jens Müller die Autofahrt nach Radeburg. Im Gepäck hat er einen Mitschnitt von dem Telefongespräch, das Magdalena Jäger mit Reinhilde Thiele geführt hat. Er wird es dem Meister der VW-Werkstatt vorspielen. Wie sonst möchte er die Steigung gelassen nehmen. Aber er ist zu gespannt, was der Meister sagen wird. Ob der die Stimme erkennt?

Kaum ist er angekommen, spielt er das Band vor. Der Meister hört es bedächtig an. Danach sagt er: „Das könnte die Stimme sein."

Jens Müller fährt das Band zurück, dabei bittet er: „Hören Sie noch einmal genau hin, vielleicht werden Sie an irgendeine Kleinigkeit erinnert."

Wieder läuft das Band ab. Plötzlich ruft der Meister: „Halt, da war es!"

Ein wenig zurückgespult, spricht das Band: „Und ... da meinen Sie ..."

„Das ist es", erklärt der Zeuge, „die Frau unterbricht ihre Rede immer, wenn sie *und* sagt."

Jens Müller lässt das Band weiterlaufen. Tatsächlich folgt nach dem Wörtchen *und* jedes Mal eine Pause. „Sie ist es also", sagt der Inspektor und packt das Band ein.

Jens Müller ist fertig mit seinem Bericht über seine Radeburgreise. Während er sich noch einmal in das Protokoll vertieft, kommt seine Chefin herein.

Erfreut, ihn schon anzutreffen, fragt Magdalena Jäger: „War die Reise schön?"

Müller weiß, jetzt fragt sie nicht dienstlich, sie bewundert, wie sehr er Autofahren genießt. „Ja, immer dort, wo es jeweils schön ist, ist es am schönsten."

„Wer dich hier erlebt, wird nicht ahnen, wie poetisch du

bist." Sie lächelt, fragt dann aber besorgt: „Aber weitergebracht hat uns der Ausflug nicht?"
„Doch, doch! Das *Und* hat sie verraten."
Die Kommissarin vermutet: „Ein Sprachproblem?"
„Genau." Jens Müller holt das Diktiergerät aus der Tasche. „Der Meister sagt, sie macht hinter jedem *und* eine Pause. Als wir das Band abspielten, hat er das wieder erkannt." Er drückt eine Taste, die Stimme von Reinhilde Thiele sagt: „Und ... Sie meinen ..."
„Frau Thiele also!" Die Kommissarin entscheidet: „Ich denke, wir gehen jetzt in die Offensive: Zuerst die Thiele. Wir spielen ihr das Band vor und fragen, ob sie es kennt."
„Gut", meint Müller, „da kann sie nicht ausweichen. Danach konfrontieren wir sie mit der Aussage des Meisters. Und wie offensiv werden wir bei Steinlein?"
Beide wissen: Die Spurensicherung hat neben dem Fingerabdruck von Annerose Fischer einen unbekannten, allerdings verwischten am Anlasser des Bulli gefunden. Nur konnten Finger und Abdruck noch nicht zueinander gebracht werden. Die Kommisarin rät: „Wir lassen Steinlein ein Protokoll über seinen Streit mit Annerose Fischer unterschreiben. Seine Fingerabdrücke an dem Stift lassen wir abgleichen."

10.

„Wir bitten Sie", die Kommissarin weist auf das mitten auf dem Tisch stehende Abspielgerät hin, „ein Band anzuhören."
Reinhilde Thiele setzt sich schweigend auf den bereitstehenden Stuhl, sie verweigert sich nicht, aber sie erklärt auch nicht ihr Einverständnis. Ihr Gesichtsausdruck zeigt keine Bewegung. Anscheinend hat sie vor der Wache

eine Maske aufgesetzt, die abzunehmen sie sich für das Treffen verboten hat.
Inspektor Müller lässt das Band laufen. Die Stimme der Besucherin füllt den Raum.
„Was soll das“, unterbricht Frau Thiele, „warum spielen Sie mir meine eigene Stimme vor?“
Jens Müller stellt das Gerät ab.
„Sie bestätigen, dass Sie Ihre Stimme gehört haben?“, fragt Magdalena Jäger.
„Selbstverständlich, meine und Ihre Stimme. Schließlich haben wir miteinander telefoniert.“
„Der Meister von der Radeburger VW-Werkstatt hat Ihre Stimme auch erkannt.“
„Und ... wer ist das?“
Die beiden Beamten sehen schweigend Reinhilde Thiele an, die genauso unbefangen zurückblickt.
„Bestreiten Sie“, fragt Magdalena Jäger, „diese Werkstatt vor ...“, sie blickt in ihren Kalender, „vier Wochen angerufen zu haben?“
„Warum sollte ich das getan haben?“
„Ich bitte Sie, nicht mit Gegenfragen zu antworten. Haben Sie die Werkstatt angerufen?“
Etwas verzögert und gedehnt kommt die Antwort: „Nein.“
„Sie haben den dortigen Meister nicht nach dem VW-Typ Bulli II befragt?“ – „Nein.“
„Der Meister erklärt: Er habe Ihre Stimme an einer Spracheigentümlichkeit, die Sie haben, erkannt. Was sagen Sie dazu?“
„Und ... die wäre?“
Jens Müller spult das Band zurück, führt es dann an eine markierte Stelle: „Und ... da meinen Sie ...“
„Und ... was ist daran eigentümlich?“ Reinhilde Thiele lässt sich nicht beirren.

Dieses abgesetzte *Und* kommt fast in jedem Satz vor, den Sie sprechen."
„Na und?"
„Sie geben also zu, dass Sie diese Spracheigentümlichkeit haben?"
„Warum sollte ich?"
„Die Antwort wird Ihnen ein Sprachwissenschaftler sagen, den wir jetzt einschalten."

11.

Der Tag ist ins Wasser gefallen. Schwester Roswitha Liesegang nutzt ihn für Hausbesuche. Sie will Verstärkung für die abendliche Versammlung gewinnen. Dafür sucht sie solche auf, die sie als Unzufriedene kennt. Die kommen im Hartenberger Alltag nicht oft vor, und doch weiß sie, solche Leute sind immer auf dem Sprung, sich zusammenzurotten und Unruhe zu schüren. Wer sie ruft, kann deren Unzufriedenheit für eigene Zwecke nutzen.
Dazu ist dieser Regentag wie geschaffen, der wirklich nichts hat, das frohgemut stimmen könnte. Roswitha Liesegang verbirgt ihren Kopf unter dem Schirm. Ihre Füße stolpern in schweren Schuhen über grobe Trittsteine, die uneben und verschmutzt sind. Die Stadt scheint bei solchem Wetter nur aus Gassen aus einem finsteren Mittelalter zu bestehen.
Dieses Mal will sie ihre Chancen nutzen und nicht wieder auf die falschen Leute setzen – wie damals, als es ihr darum ging, eine Tischplatte aus astfrei gewachsenem Eichenholz für den transportablen Altar im Gemeinderaum anzuschaffen. Nieburg widerlegte alle ihre Argumente. Jetzt werde ich mich nicht unterkriegen lassen, gelobt sie sich. Gegen den unaufhörlichen Regen und das hässliche

Wohngebiet schöpft die Gemeindeschwester Energie aus ihrer Mission. Damit erreicht sie, was sie erreichen wollte: Abends sitzen einige Mitstreiterinnen neben ihr, auch ein Mann wird mitgebracht, schmächtig neben seiner gewaltigen Frau. Im Wohnzimmer bei Bräsigs steht Stuhl an Stuhl. Bald wird die Luft stickig.
Gottfried Bräsig gibt der Gemeindeschwester das Wort. Die richtet sich auf, so als wolle sie im Sitzen aufstehen: „Diesem Pfarrer fehlt Demut. Er hält uns für dumm! Sein Gedicht, das er am Sonntag auf der Kanzel gesprochen hat, ist von Goethes Prometheus abgeschrieben, ich habe es hier, wahrscheinlich hat er es selbst abgewandelt. Ich lese mal vor:

KÖNIGSKINDER

Hast nicht zum Wurm
Uns erschaffen
Nicht kriechend
Sich krümmend
Und schleimend nach Gunst
Deinem Bilde entsprechend
Sind wir wenig niedriger
Denn du
Königskinder
Von hoher Geburt.

Genau das hat er letzten Sonntag in der Kirche vorgelesen, seine Predigt zielte auf dieses Gedicht“, ereifert sich die Gemeindeschwester empört.
Dem kleinen Mann neben der korpulenten Frau entfährt leise das Wort: „Schön!“
„Das verstehst du nicht“, weist ihn die Gattin zurecht.

Magdalena Jäger, wäre sie hier, schliefe jetzt ein, wie ihr meist widerfährt, wenn sie sich in einer Gesellschaft langweilt. Aber sie ist nicht hier, hört nicht, wie Schwester Liesegang fordert: „Er muss auf die Knie, die Knie!"
„Oder er muss gehen", verstärkt Bräsig.

Die kleine Schar ist an diesem Abend nicht eingeschlafen, aber lange saß sie nicht beieinander. Bald schon gehen die Gäste hinaus in die dunkle Vorstadt. Sie murren und knurren. Viele Worte haben sie nicht gesprochen. Ein erneutes Treffen ist vereinbart. Außerdem will die Gemeindeschwester künftig für die Erweckung des Pfarrers zu Gebetsgemeinschaften einladen. Weitere Unzufriedene sollen angesprochen werden.
Gottfried Bräsig reißt die Fenster auf: „Luft tut gut!" Er blickt in den Garten, dabei fragt er über die Schulter Klaus-Dieter Steinlein, der als Einziger geblieben ist: „Na, zufrieden?"
„Wir haben getan, was wir konnten – jetzt sind wir schon viele."
Der Vorsitzende hört nur halb hin, seine Gedanken sind von dem Treffen wie verklebt, er fühlt sich missmutig und weiß das nicht zu deuten. Er hofft, dieser Giftzwerg könnte doch jetzt auch gehen. Laut sagt er: „Nun ist der Superintendent so krank, dass er uns nicht mehr stören kann." Er streicht über seinen massigen Bauch, gähnt und langweilt sich. Erst jetzt denkt er an die Worte von Klaus-Dieter Steinlein, fragt: „Was haben wir getan, weil wir es konnten?"
Steinlein genießt seine Position. Gern würde er noch länger hier bei Bräsig sitzen. Er hofft: Der könnte jetzt eigentlich ein Bier spendieren. Laut spricht er: „Wir haben unsere Pflicht getan!"

Bräsig dreht sich wieder zum Fenster, genießt die Kühle, atmet tief durch und beschließt den Abend: „Ja, ja – na, dann ...“ Er mag das Gerede nicht mehr, energisch wirft er das Fenster zu. Steinlein begreift und geht nach Hause.

12.

Inspektor Müller begrüßt Kommissarin Jäger mit den Worten: „Er ist geflohen.“
Sie kombiniert: „Martin Fischer oder Herbert Krüger oder Klaus-Dieter Steinlein?“
„Steinlein. Ich bestellte ihn mit den üblichen Worten: ‚Zur Klärung eines Sachverhaltes‘.“
„Und er ist nicht gekommen?“
„Heute 9 Uhr hätte er kommen müssen, kam aber nicht. Ich sprach mit seiner Frau, sie sagte: Mein Mann ist verreist.“
„Wann hast du die Aufforderung abgeschickt?“
„Ich schickte sie gar nicht, ich brachte sie ihm gleich nach unserer Vereinbarung ins Haus.“
„Das war vor zwei Tagen.“
„Ja.“
„Komm“, fordert Magdalena Jäger energisch, „jetzt reden wir mit Frau Steinlein.“

Wenig später stehen sie vor Steinleins Haus. Gabriele Steinlein öffnet. Ironisch, fast höhnisch klingt ihre Stimme: „Was für ein hoher Besuch und auch noch zu zweit.“
Magdalena Jäger geht auf den angebotenen Stil nicht ein, sie erklärt sachlich: „Wir möchten Ihren Mann sprechen?“
„Das tut mir leid“, antwortet Frau Steinlein, „der ist verreist.“

„Dürfen wir mal hereinkommen?"
„Bitte sehr!" Sie geleitet die Besucher durch das enge Haus ins kleine Wohnzimmer, in dem nur zwei bescheidene Sessel und eine kurze Couch vor einem Fernsehapparat Platz finden. Die Kommissarin und der Inspektor quetschen sich in die Sitze. Selbst der hagere Jens Müller hat Mühe, sich in die drängende Enge einzufädeln.
Magdalena Jäger weist auf ihren Kollegen: „Inspektor Müller hat Ihren Mann für heute 9 Uhr zur Klärung eines Sachverhaltes bestellt. Er ist nicht gekommen. Warum?"
Gabriele Steinlein stützt ihren Ellbogen auf die Sofalehne und zeigt den Anschein einer großen Gelassenheit. „Das müssen Sie ihn schon selber fragen." Noch immer ist ihre Sprache ironisch.
„Wo ist er?"
„Hier nicht." Deutlich herausfordernd sind nun nicht nur ihre Worte, auch ihre Körperhaltung, sie liegt jetzt in großer Lässigkeit auf der Sofalehne. Die beiden Kriminalbeamten ärgert die Provokation. Energisch fordert die Kommissarin: „Geben Sie uns bitte die Adresse!" „Aber bitte sehr." Frau Steinlein holt ein Adressbuch, schlägt nach, liest dann rasch vor: „Valkkooser Weg 87, 1744 GA Sint Maarten, bei Wim Osterhuis."
Müller lässt sich die Anschrift zeigen, schreibt sie ab; danach fragt er: „Befindet sich der Ort in den Niederlanden?"
„Ja."
Die Kommissarin will wissen: „Was tut er dort?"
„Er besucht einen Freund."
Magdalena Jäger geht die Sprachmelodie von Gabriele Steinlein jetzt auf die Nerven, mühsam beherrscht, fragt sie zornig: „Hat er mit Ihnen über unsere Aufforderung gesprochen?"

„Nun ja, beiläufig." Langsam und monoton die Stimme der Gefragten. „Er ist der Meinung: Das hat Zeit."
„Das zu beurteilen, muss er schon uns überlassen." Die Kommissarin sieht, wie Jens Müller sein Notizbuch zuklappt. Sie steht auf, dabei fragt sie:
„Sie waren Ostern gewiss nicht in Nordholland?"
„Das hat Ihnen mein Mann bereits gesagt."
Die beiden Beamten verlassen grußlos das Haus.

Im Fall Steinlein, beschließen Magdalena Jäger und Jens Müller, soll zunächst um Amtshilfe bei der Kriminalpolizei in den Niederlanden gebeten werden. Nun, da er sich einer Vorladung entzogen hat, können offizielle Wege begangen werden. Sie hoffen über die niederländischen Kollegen auch an die nötigen Fingerabdrücke heranzukommen. Und sie vereinbaren, sich künftig jeden Tag zweimal zu gemeinsamen Besprechungen zu treffen, in denen sie sich gegenseitig berichten und ihre Schritte planen. Noch heute will die Kommissarin den früheren Bereichsleiter von Klaus-Dieter Steinlein treffen, das sagt sie ihrem Kollegen.
Auf dem Weg in die Innenstadt schweigt sie lange. Von den Versuchen Müllers, mit ihr eine Unterhaltung zu beginnen, lässt sie sich nicht stören. Der Besuch bei Frau Steinlein beschäftigt sie. Ihr haben sich Bilder vom Grundstück eingeprägt. Irgendetwas stimmte dort für sie nicht.

Vor dem Ratskeller stehen Tische und Stühle. „Eine Erfrischung?" Die Kommissarin zeigt mit einladender Hand auf einen der Tische. Wie meist ist der Markt wenig begangen, keine Gäste sitzen an den Tischen. Sofort kommt eine Serviererin, grüßt erfreut und nimmt die Bestellung an.

Plötzlich werden die Blicke der beiden von einer Ecke des Marktes angezogen, um die Reinhilde Thiele biegt. Unmöglich, die vor der Gaststätte sitzenden Kriminalbeamten zu übersehen, versucht sie nach kurzem Stocken selbstbewusster ihren Gang fortzusetzen. Dabei wählt sie erst einen Umweg, geht dann doch am Ratskeller vorbei, grüßt steif und würdevoll, um danach mit noch aufrechterem Gang um die nächste Ecke zu fliehen.
Kaum ist die dort verschwunden, prustet Magdalena Jäger los: „War das komisch!“ Jens Müller feixt, bietet an: „Erster Akt, erster Auftritt: Wanderbühne.“
Die Getränke werden gebracht. Sie trinken. Magdalena Jäger stellt ihr Glas ab, fragt: „Willst du hier auch essen?“
„Bloß nicht!“ Die Abwehr von Jens Müller ist nicht gespielt. „Ich koche lieber selber.“
„Wirklich?“
„Nein, täglich.“
„Darf ich da mal kosten?“
„Aber ja, ich lade dich gerne ein.“
Sie überlegt: „Freitag würde mir passen.“
„Gut, Freitagabend.“

Am Nachmittag trifft die Kommissarin den früheren Bereichsleiter von Klaus-Dieter Steinlein. Der ist ein ruhiger, sachlicher Mann, gemütvoll in seiner Fülle, mit rundem, fast kahlem Schädel. In seinem grauen Kittel wirkt er wie ein Meister in einer Fahrradwerkstatt. Aber der Blick aus dem Fenster des niedrigen Büros zeigt, dass sie sich vor einer großen Werkhalle befinden, in der Mitarbeiter an Maschinen arbeiten.
Der Mann kann gut zuhören. Das beweist er, während die Besucherin sich bemüht, ihn mit freundlichen Worten zu Aussagen über Steinlein zu bewegen. Der geht darauf

zunächst nicht ein: „Sie wollen durch mich Klaus-Dieter Steinlein näher kennenlernen? Ich denke, da gibt es in seinem Umfeld andere, die ihn besser kennen."
Magdalena Jäger nickt. „Das ist wohl so, aber gegenüber der Leitungsebene zeigen wir mitunter besondere Grenzen."
„Sie meinen in der Leistung?" Er überlegt nicht lange. „Da kann ich Ihnen nur Gutes von Steinlein berichten. Er tat stets gewissenhaft seine Pflicht."
„Warum haben Sie ihn dann entlassen?"
„Er war nicht der Einzige, den wir betriebsbedingt entlassen mussten."
„Ich bitte Sie", Magdalena Jäger blickt ihm direkt in die Augen, „mir offen zu sagen, warum Steinlein unter den Entlassenen war, obwohl er doch eine tüchtige Arbeitskraft ist."
„Nun ja", der Meister weicht nicht aus, „einfach war es mit ihm nicht. Solange man ihn arbeiten ließ, nicht widersprach, ihn nicht kritisierte, war er unauffällig und tüchtig. Andererseits konnte er aufbrausen und cholerisch werden. Manchmal hat nicht viel an einer Schlägerei in seiner Abteilung gefehlt."
„Erlebten ihn viele seiner Kollegen so?" Die Kommissarin folgt mit dieser Rückfrage mehr beruflicher Gründlichkeit als einem Argwohn. Sie glaubt dem Mann, dem deutlich anzusehen ist, dass er nicht gern schlecht über einen Kollegen spricht.
„Sie dürfen gern Kollegen befragen. Ich habe die Entlassung mit sehr zwiespältigen Gefühlen ausgesprochen: Er tat mir leid und er war der Abteilung wirklich sehr nützlich, aber ohne ihn arbeiten wir reibungsloser."
„Würden Sie mir ein Beispiel für sein Verhalten erzählen?"

Nachdenklich sieht der Meister die Kommissarin an, fragt zögernd, aber deutlich besorgt: „Ihre Frage ist doch nicht zufällig – was hat er getan?“
Magdalena Jäger vermeidet, klare Auskunft auf diese Frage zu geben, stattdessen fragt sie: „Halten Sie ihn einer gewaltsamen Handlung für fähig?“
„Ich kann auf diese Frage die Antwort verweigern“, versichert sich der Bereichsleiter.
„Ja“, bestätigt die Kommissarin. „Ihre Antwort dient lediglich einem Bild, das ich mir schaffen will.“
„Gut.“ Sein Gesicht wird ernst. „Ich halte ihn nicht für bösartig, aber für ausgesprochen reizbar. Er steht irgendwie ständig unter Druck, neigt zu Jähzorn und – ja, wie soll ich das beschreiben: Er ist einerseits unterwürfig bis zur Selbstverleugnung und dann wieder aggressiv wie ein Pulverfass. Ich war oft in Sorge, dass der plötzlich explodiert, zumal er manchmal grenzwertige Aussagen wagt wie: Alles haben die Nazis nicht schlecht gemacht.“
Bei den letzten Worten ist sie hellhörig geworden, sie fragt: „Kamen solche Äußerungen öfter von ihm?“
„Nein, nur vereinzelt.“
Sie steht auf, dankt für die offenen Worte und verabschiedet sich.

Blut ist im Schuh

1.

Vor der Wache treffen Magdalena Jäger und Jens Müller auf Claudia Fischer. Die Kommissarin erkennt sie sofort: „Wollen Sie zu mir?"

„Ja, ich habe etwas zu berichten."

„Wir verschieben die Frühbesprechung um 20 Minuten", sagt die Kommissarin zu Inspektor Müller und bittet Claudia in ihr Büro. In ihrem kargen Büro bietet die Kommissarin einen Stuhl an, fragt: „Kaffee oder Tee?" Claudia Fischer wählt Tee und nimmt auf einem der einfachen Stühle Platz. Hier berichtet sie: „Gestern war ich bei meiner Oma draußen im Neubaugebiet an der Trift. Ihr Haus steht am Waldrand. Nach dem Kaffeetrinken machte meine Oma wie üblich ein Nickerchen. Ich bin zum Fenster gegangen und hab hinunter in die Büsche gesehen. Da sah ich plötzlich Krüger, unseren Hilfsgärtner, hinter einem Busch stehen. Der sprach auf einen kleinen Mann ein, den ich anfangs für Steinlein hielt, weil er genauso aussah: gleiche Größe, ähnliche Bewegungen, Bart. Aber dann zweifelte ich und meinte, er ist es nicht."

„Wie weit waren Sie entfernt?"

„Ich stand in der zweiten Etage am Fenster. Der Wald beginnt nicht weit vom Weg hinter dem Haus. Die beiden waren nicht im dichten Wald, mehr im Unterholz."

„Und woran haben Sie erkannt, dass der Mann nicht Klaus-Dieter Steinlein sein konnte?"

„Der Bart war anders, nicht an den Backen, ich meine ..."

Magdalena Jäger lächelt. „Sie meinen eher einen Schnauz- oder Vollbart?“
„Einen Vollbart, ja. Aber die Ähnlichkeit war verblüffend. Was mir am Verhalten der beiden besonders auffiel, war: Die hatten sich versteckt und redeten aufgeregt, auch mit den Händen, mehr gegeneinander als miteinander. Das war wie – wie eine Verschwörung.“
Die Tür geht auf, eine Beamtin bringt den Tee herein. Claudia trinkt. Kaum ist die Frau gegangen, erklärt die Kommissarin: „So wie Steinlein sehen viele Männer aus. Die Verwechslung war naheliegend.“
„Trotzdem ...“ Claudia nippt am Tee, sie zögert weiterzusprechen. Nach einer Weile fragt sie: „Wenn der Bart der einzige Unterschied ist, ist damit alles klar?“
Magdalena Jäger lacht: „Schön wär's. Nun, wir werden das prüfen.“ Dabei schiebt sie die Angelegenheit mit einer Handbewegung fort, fragt: „Gibt es neue Nachrichten von Ihrer Mutter?“
„Mama wird aufwachen“, antwortet Claudia.
„Ja?“ Magdalena Jäger staunt: „Woher wissen Sie das?“
„Ich weiß es.“ Claudia Fischer sieht die Kommissarin geradeheraus an. „Glauben Sie mir.“
„So wie Sie das sagen, glaube ich Ihnen.“

2.

Bei der Frühbesprechung berichtet Müller, er habe mit Kollegen der niederländischen Kriminalpolizei von Alkmaar gesprochen. Ihm ist zugesagt: Beamte werden Klaus-Dieter Steinlein umgehend in Sint Maarten suchen, um ihn auf die Wache von Alkmaar zu bringen.
„Erinnere sie an die Fingerabdrücke“, sagt Magdalena Jäger. Dann kommt sie zu der Begegnung der beiden Män-

ner im Neubaugebiet und berichtet: Vor zwei Tagen sah Claudia Fischer den Hilfsarbeiter ihres Vaters am Wäldchen vom Neubaugebiet, dort traf er sich mit einem Typen, der Steinlein sehr ähnlich war, aber vielleicht auch Hoffmann hätte sein können, denke ich. Die beiden hätten in verschwörerischer Weise miteinander verhandelt."
„Ist ja interessant!" Müller entscheidet: „Da werde ich Krüger gleich mal auf den Zahn fühlen und auch mal gucken, ob Hoffmann wieder aufgetaucht ist."
„Mach das, vielleicht sind wir noch nicht auf der richtigen Spur." Nachdenklich sieht sie Müller an, meint: „Seit unserem Besuch bei Frau Steinlein bin ich unruhig, ich finde: Irgendetwas stimmte dort nicht. Ich glaube nicht, dass Steinlein in Holland ist. Zu eifrig hat uns seine Frau von der Wohnung abgelenkt und nur zu bereitwillig diktierte sie die genaue niederländische Adresse. Ich fahre jetzt noch mal hin."
„Soll ich mitkommen?"
„Nein, ich will mich nur etwas umsehen."
„Wenn du meinst ..." Müller ist nicht überzeugt.

Magdalena Jäger radelt zum Grundstück der Familie Steinlein. Hier schließt sie ihr Fahrrad vor einem einzeln stehenden Baum ab. Danach überblickt sie das Anwesen, es wirkt verlassen. Sie geht zur Gartenpforte, klingelt. Nach einer Weile drückt sie ein zweites Mal den Klingelknopf, dabei beobachtet sie Fenster und Türen. Nichts regt sich. Sie öffnet das Tor, geht in den Hof. Dabei hat sie das Gefühl, beobachtet zu werden. Sie blickt nach allen Seiten, dreht sich um. Keine Katze, nicht einmal ein Vogel bewegen sich. Die Fenster blicken aus schwarzen Höhlen hinunter in den Garten, in dem die Kommissarin zwischen Betonplatten und gehegten Beeten hin und her geht.

Sie entdeckt einen Schuppen. Hinter der nur angelehnten Tür riecht sie gestapeltes Brennholz und Moder. An einer Wand hängen Schilder, großflächig und weiß emailliert, beschriftet mit Runen, genagelt an einen Verschlag. Auf ihnen stehen Namen von Organisationen aus nationalsozialistischer Zeit: HITLERJUGEND und unter einem großen Hakenkreuz REICHSARBEITSDIENST. Auf einem anderen Schild ist in steilen Lettern NSDAP und ORTSGRUPPE geschrieben. Neben den Emailleschildern hängt ein weißer Zettel, gehalten von einer Reißzwecke, auf den mit dickem Filzstift geschrieben steht: Joh 11,50!

Plötzlich hört sie hinter sich ein Geräusch, sie wendet den Kopf – da trifft sie der Schlag ... Sie stürzt auf den Boden und spürt: Hier ist es kalt und feucht, hier darfst du nicht liegen bleiben. Krümelig und schmierig der Estrich, übel sein Geruch nach schimmeligem Holz und vermoderter Kohle. Alle ihre Sinne streben fort von hier, wollen hinaus ins Freie, ihr Mund bittet stimmlos um Hilfe.
Sie fasst an ihren Kopf, in dem ein Motor dröhnt. Rasch zieht sie die Hände vom klebrigen Haar zurück, stützt sie am Boden ab, versucht sich aufzurichten. Aber im Kopf ist eine Glaskugel, in der das Gehirn schwappt – dorthin schwappt, wohin sie sich wendet: hinunter in lärmenden Schmerz. Ihre Gedanken fingern durch das gequälte Hirn, sie erinnert sich an Schuhe, besondere Schuhe mit besonderem Muster: Sportschuhe ... Gnädig kommt der Schlaf, der sie betäubt.

3.

Sie erwacht in einem hellen Zimmer. Die Sonne blendet. Schließt doch die Fenster, will sie rufen. Aber sie

ruft nicht, sie krächzt. Ihre Stimme hockt erschrocken im Hals.
Jens Müller beugt sich über sie, sagt: „Ich habe die Gardine zugezogen." Noch ist ihr die Welt fremd, aber die Stimme ihres Kollegen holt sie mit jedem Wort mehr in die Wirklichkeit zurück: „Ich habe dich gefunden", spricht der froh, „wie gut, dass du wieder da bist."
„Gefunden", krächzt sie, „und wieder da ..."
„Ja, du warst im Schuppen von Steinleins und jetzt bist du im Krankenhaus." Er drückt ihre Hand so, als könne er ihr so den Mut zum Leben zurückgeben.
„Ach, ja." Die Nebel lichten sich: Sie fühlt Kopfschmerz, blickt zurück, zugleich sieht sie Jens Müller an, dabei wächst in ihr Kraft für die Botschaft: „Er hatte die Schuhe an!" Dann schläft sie wieder ein.

Jetzt weiß sie, was sie zwingt, im Bett zu bleiben: eine schwere Gehirnerschütterung, hervorgerufen durch einen heftigen Schlag mit einem harten Gegenstand, möglicherweise einem Bleirohr. „Welch ein Glück", flachst Jens Müller, „dass dein Schädel hart genug ist!" Kaum war sie wieder erwacht, da hatte sie ihn schon ins Krankenhaus rufen lassen. Sie will sich nicht schonen, Müller muss berichten.
Im Haus von Steinleins, erzählt er, findet eine genehmigte Haussuchung statt, aber Auffälliges wurde bisher nicht gefunden. Eindeutig sind Spuren von einer eiligen, aber geordneten Abreise zu erkennen. Auch ist bestätigt, dass Frau Steinlein am Nachmittag, als Magdalena Jäger niedergeschlagen wurde, in der Stadtbäckerei gearbeitet hat. Sie behauptet: „Mein Mann ist vor zwei Tagen nach Nordholland abgereist."
Die Kommissarin fragt Müller nach Emailleschildern aus

der NS-Zeit. Erstaunt erklärt der, die nicht entdeckt zu haben, er wolle aber nach Hinweisen suchen. Auch berichtet er, auf der Suche nach den Sportschuhen und deren Spuren zu sein.

„Noch immer“, fährt Müller fort, „stellt die Spurensicherung bei Steinleins alles auf den Kopf.“ Ohne den bei ihm in solcher Situation üblichen Sarkasmus fügt er hinzu: „Gegen die Mitarbeiter der Polizei verübt man nicht ungestraft Attentate!“ Aber auch seine eigene Sorge verschweigt Müller nicht, er erzählt seiner Chefin: „Als du sagtest, du wollest dir das Grundstück noch mal allein ansehen, da wurde ich unruhig. Ich bin dir nachgefahren. Nur bedaure ich, dass ich’s nicht sofort tat!“

„Sag mal, Jens“, fragt Magdalena Jäger, „weißt du zufällig, was im Johannesevangelium, Kapitel 11, Vers 50 steht?“

„Nee“, antwortet Jens Müller spontan: „Ich bin doch kein Bibelforscher.“

„Forsche mal danach“, bittet sie ihn, „diese Angabe war auf einen Zettel im Schuppen geschrieben.“

4.

Einige Zeit später – Müller ist längst gegangen – klopft es, zugleich geht die Tür auf, die Stationsschwester fragt: „Herr Welsecke möchte Sie besuchen, darf er hereinkommen?“

„Aber ja“, ruft die Kranke spontan. „Nicht lange“, verordnet die Schwester, „Sie brauchen viel Ruhe.“

Hubert Welsecke schiebt sich an ihr vorbei in den Raum. Seine große, kräftige Gestalt füllt die kleine weiße Welt, in der die Kranke wie im Fieber glüht.

Auch Welsecke ist aufgeregt, er brummt: „Wollte doch

mal nach Ihnen sehen ... Wie es geht ... Habe Blumen mitgebracht ..."
So hat sie ihn noch nicht erlebt. Die ruhige Sicherheit, mit der er jeweils passende Worte findet, hat ihn verlassen. Plötzlich sieht er sie wie entwaffnet an und gibt zu: „Ich hatte Angst!"
Seine Ehrlichkeit steckt an und taut sie auf: „Um mich? Das tut gut."
Er legt die Blumen auf den Nachttisch, dort vergisst er sie. Am Bett steht ein Stuhl, da sitzt er nun und sieht sie an. Auch ihr genügt der Augenblick. Lange schweigen sie ohne Verlegenheit.
Da klopft es wieder an der Tür. Die Stationsschwester tritt ein, erklärt verwundert: „Anscheinend soll hier ein Pfarrertreffen stattfinden. Auch Herr Nieburg ist gekommen."
„Nun, so lassen Sie ihn kommen." Freundlich, auch dankbar begrüßt sie den Besuch, zugleich spürt sie mit Hubert Welsecke Enttäuschung über die Störung.
Herzlich begrüßt der evangelische Pfarrer die Kommissarin, der er versichert, zusammen mit seiner Frau um sie besorgt zu sein und gerne etwas für sie tun zu wollen. Dabei entdeckt er die Blumen von Welsecke, die genauso wie sein mitgebrachter Strauß eine Vase brauchen; er geht hinaus, Vasen besorgen.
Mit Magdalena Jäger wieder für Augenblicke allein, sagt Hubert Welsecke: „Auch in einem halben Spielraum findet die ganze Welt statt." Er besitzt wieder die Kraft, im richtigen Augenblick das richtige Wort zu finden, freut sich Magdalena Jäger.

Jens Müller hat seiner Chefin eine Schachtel Konfekt mitgebracht, weil er sich sicher ist: Süßem kann sie nicht widerstehen; wenn sie alleingelassen ist, wird sie sich da-

rauf stürzen. Er betrachtet die beiden üppigen Sträuße auf dem Nachttisch und sieht sich bestätigt: „Bloß gut, dass ich keine Blumen mitgebracht habe."
Auch Magdalena Jäger bestaunt die schönen Blumensträuße, die mit kräftigen warmen Farben den frühen Herbst ankündigen. Lächelnd erklärt sie: „Mir blühen die Kirchen."
„Waren beide Pfarrer hier?"
Sie nickt, kommt aber gleich zur Sache: „Was hast du in Holland erreicht?"
„Wie, ach so", Jens Müller staunt, dass sie seine unvermittelte Redeweise benutzt, „also die Kollegen vom Amt Alkmaar sind in Sint Maarten gewesen. Aber in dem angegebenen Haus trafen sie keinen Menschen an."
„Und was sagen die Nachbarn?"
„Die hätten nicht so genau auf das Grundstück geachtet. Aber letztes Wochenende", berichtet Müller, „habe man das Ehepaar Osterhuis im Garten gesehen. Keine Sorge", versucht der Inspektor zu beruhigen, „ich rufe heute Abend wieder an."
„Hast du einen Bericht geschickt?" Sie lässt nicht locker.
„Ja, ich schickte eine ausführliche Mail. Der zuständige Beamte versicherte, man werde sofort aktiv werden ..."
„Steinlein auch für 24 Stunden festsetzen?"
Jens Müller nickt.
Danach erinnert sie sich an den Hilfsarbeiter in der Gärtnerei. „Sitzt eigentlich dieser Walter Krüger noch ein – hast du ihn noch mal vernommen?"
„Den musste ich nach 24 Stunden entlassen. Er hat hoch und heilig versichert, am Anschlag auf Katrin Fischer nicht beteiligt zu sein, aber zu meinen Fragen wegen eines Einbruchs in seine frühere Werkstatt schweigt er beharrlich. Ich habe ihm auferlegt, die Stadt nicht zu

verlassen und sich täglich bei mir zu melden. Zu den Beobachtungen von Claudia Fischer befragt, antwortet er nur, er kenne Steinlein nicht und habe sich mit ihm nicht getroffen. Auf meine Frage, ob er zugebe, sich mit einem Mann – ich beschrieb Statur und Aussehen – am besagten Tag und Ort getroffen zu haben, schweigt er."
„Und mehr hast du bei ihm nicht erreicht?" Ihr Ton ist während ihrer Fragen schärfer geworden, jetzt wird auch ihr Blick so. „Und wurde endlich etwas im Haus von Steinleins gefunden?"
„Sag mal, Magdalena ..." Jens Müller sieht die Frau in ihrem Bett so erstaunt an, als sehe er sie plötzlich zum ersten Mal.
„Tut mir leid, Jens." Sie fühlt sich beim unverhofften Verhör ertappt, lenkt ein: „Weißt du, ich grüble hier viel. Die Untätigkeit bekommt mir ganz und gar nicht."
„Na, gut." Müller schiebt ihre Worte weg, berichtet: „Ich war nicht untätig. Die NS-Schilder sind nicht zu finden, aber die Nägel, an denen sie wahrscheinlich hingen. In einem alten Heizkessel im Keller sind inzwischen zwei Hefte mit Nazi-Propaganda entdeckt worden, auch scheinen einige Kleidungsstücke auf derartige Interessen hinzuweisen: Die sind zwar nicht braun, aber schwarz, genauer: Hemden grau, Schlipse schwarz."
„Aha", jetzt erinnert sie sich: „Er ist mir auch schon einmal in solcher Kleidung aufgefallen. Das war, warte mal ..." Sie sortiert ihr Gedächtnis: „Da war er nicht allein ... das war, ja, jetzt erinnere ich mich an die Wohnung von Bräsigs, an dieses Treffen mit dem Superintendenten. Aber außer ihm war niemand so gekleidet. Bei dem Anblick Steinleins dachte ich: Irgendetwas stimmt an dem Mann nicht. Solche Kleidung habe ich sonst nirgendwo in Hartenberg gesehen."

„Ich auch nicht.“ Aber Jens Müller hat noch einen weiteren Befund: „Ich wies die Spurensicherung auf die besonderen Trittspuren hin. Sorgfältige Untersuchungen ergaben: Die Abdrücke im Schuppen und an der Hecke vom Grundstück der Fischers sind eindeutig dieselben Spuren, erkennbar nicht nur am Sohlenprofil, auch am Gang. Außerdem fanden wir im Haus Schuhe von Steinlein, die haben dieselbe Gangart.“

„Das ist wichtig. Aber meinst du, Jens, dass wir wirklich alles getan haben?“

„Wie sagt doch eine gewisse Magdalena Jäger“, antwortet der Gefragte ruhig, „wir tun, was wir können, und dann warten wir ab – am Ende löst sich der Fall von selbst.“

„Ja, das ist so richtig ... Ich weiß nur nicht, ob wir schon genug getan haben, um vom Erkennen zum Überführen weitergehen zu können.“ Plötzlich fällt ihr ein, dass sie dem Inspektor noch nicht vom Gespräch mit dem Bereichsleiter im ehemaligen Betrieb Steinleins berichtet hat. Jetzt holt sie das nach. Müller notiert sich einige Aussagen auf seinem Block, sagt dann: „Ich bin ganz sicher, für Steinleins Schuld oder zumindest Mitschuld finden wir Beweise.“

„Das denke ich auch“, sagt die Kommissarin, aber beruhigt ist sie nicht. Plötzlich fällt ihr der Fahrradschlüssel ein. Sie holt ihn aus ihrer Handtasche, die im Nachttischfach steht. „Jens, würdest du dich bitte um mein Fahrrad kümmern? Es steht unter einem Baum vor dem Grundstück der Steinleins. Hier ist der Schlüssel.“

„Klar.“ Der Inspektor steckt den Schlüssel in sein Portemonnaie.

„Und was gibt es noch?“

Müller sieht ihre Unruhe. Solange sie aktiv sein konnte,

strahlte sie Gelassenheit aus, jetzt aber wirkt sie nervös. „Ich schleiche mich heute in eine Verhandlung ein", kündigt er an, „in der von einigen Leuten Johannes Nieburg der Prozess gemacht wird."
„Tu das!" Tricks sind ihr jetzt lieber als Dienst nach Vorschrift.

5.

1626 steht im Schlussstein über dem Türbogen. Die heute darunter durchgehen, sind handverlesene, wenn nicht gar verschworene Gäste. Jens Müller hofft, von ihnen nicht abgewiesen zu werden. Wenn das geschieht, will er darauf hinweisen, es wurde, wenn auch nur mündlich, für einen Gesprächsabend geworben – und der ist üblicherweise öffentlich.
Aber man beachtet ihn nicht. Im kleinen Vorraum entsteht ein Stau, in den jeder sofort eingeklemmt und nur im Wege ist. Aber bald wird daraus ein Sog der Drängelnden, die ihn in das Haus hineinschieben. Er findet sich endlich in einem niedrigen Raum unter einem stumpfen Gewölbe. Hier riecht es wie alte Kleider in einem schlecht gelüfteten Raum. Das alte Bauwerk verkörpert eine Welt von gestern, auch die Stühle und Tische sind hochbetagt und verbraucht. Hoffentlich, denkt er, ist der Geist nicht auch so.
Etwas abseits findet er freie Stühle, dort kehrt er in seine eigene Gedankenwelt ein. In seinem Büro hat er mit Kollegen in Alkmaar telefoniert. Ihm wurde berichtet: Noch einmal sind zwei Beamte in Sint Maarten gewesen, fanden dort auch um die Mittagsstunde Klaus-Dieter Steinlein nicht. Sie kündigten an, am Abend noch einmal hinzufahren.
Als besonders farbig erlebt er eine Botschaft von Käthe

Meister, die sich neulich als Zeugin gemeldet hatte. Die hatte in der Wache einen Zettel hinterlassen, den er jetzt noch einmal liest:

Herr Kommissar!
Neulich traf ich einen Mann beim Bäcker, der wars! Genauso kurz und der lief auch so. Den habe ich schon gesehen, deshalb weiß ich, dass ders ist. Wissen Sie, der hat einen Backenbart, der wie Topflappen im Gesicht hängt. So sieht der aus wie ein trauriger Cockerspaniel. Ich fragte die Bäckerin, wie der heißt, das wusste die nich. Aber er kommt manchmal in ihren Laden.
Nischt für Ungut, Käthe Meister.

Johannes Nieburg öffnet die Tür. Sofort entdeckt er Jens Müller, er grüßt ihn mit einem Lächeln und Kopfnicken. Leise sein Gruß an die Versammelten. Er setzt sich in eine Ecke. Zurückgezogen vom Veranstalter, zeigt er: Ich bin nur Gast.
Gedämpfte Stimmen, die eher an ein Grummeln als an Gespräche erinnern, füllen den Raum. Gottfried Bräsig richtet sich auf, dabei zieht er seinen Bauch ein, um mehr Würde zu zeigen. Die Stimmen verebben. Er eröffnet den Gesprächsabend. Mit seiner vollen Bassstimme füllt er den Raum: „Die Unzufriedenheit der Gemeinde mit dem Pfarrer ..."
Was folgt, ist eine kirchliche Heimatstunde, an deren Ende die Luft im niedrigen Raum stickig ist.

Später an diesem Abend erzählt Johannes Nieburg seiner Frau vom Scherbengericht im Gemeindehaus. Dabei wertet er lachend: „Ich glaube, unsere besten Freunde haben wir bei der Polizei."

„Du sprichst von Magdalena Jäger?“
„Die auch. Aber heute Abend war der Inspektor da, der hat mir mit schöner Anteilnahme am Schluss die Hand gedrückt und gesagt: Ich glaube, ich habe Sie verstanden.“
„Ich dich auch.“ Karin Nieburg umarmt ihren Mann.
„Und stell dir vor“, Nieburg fühlt sich zum ersten Mal an diesem Tage entspannt, „der junge Hellwege aus dem Ehepaarkreis unterbrach Bräsig mehrmals und fragte, ob er die Wahrheit gepachtet hätte.“
Plötzlich trübt sich sein Gesicht: „Aber ich fürchte, hier gibt es keine Ruhe, weil es hier nicht um Meinungsunterschiede oder richtige Konflikte geht, sondern um Leute, die mit sich selbst nicht klarkommen.“
„Das kann sein.“ Sie hebt seine Hand an ihre Wange und sagt: „Wenn es uns reicht, dann gehen wir weiter.“
„Aber wohin? Manchmal zweifle ich, ob ich für diesen Beruf geschaffen bin. Ich kann nicht leicht Kompromisse schließen.“
„Du meinst“, sie gibt seine Hand frei, „du machst dich nicht gern beliebt?“
„Ja, und ich meine, das darf ich auch nicht. Bei Stendal fand ich den Satz: ‚Ein Priester muss wählen, ob er in dieser Welt sein Glück machen will oder in der anderen. Einen Mittelweg gibt es nicht.‘“
„Wir leben nun mal in dieser Welt.“ Aber dann bezeugen ihre Augen ein Versprechen: „Es gibt Wichtigeres.“
„Und was?“
„Dass wir uns gut sind. Willst du wissen, was Dante über die Liebe sagt?“ Er nickt. Sie sortiert ihr Gedächtnis, dann zitiert sie:

„Sie lässt uns nur wünschen
Das, was wir haben;
Andrer Durst entschwindet."

„Jetzt fängst du auch noch an, zu rezitieren", staunt Johannes. „Aber schön und wahr ist, was du da sagst."

6.

Auf dem alten Damm zwischen Sint Maarten und dem Ortsteil Valkkoog bläst noch in der Abenddämmerung der Wind. Die Niederlande haben in gepolderten Landschaften große freie Flächen geschaffen, die den Wettern keine Widerstände entgegensetzen. Klaus-Dieter Steinlein tritt hart in die Pedalen, stemmt sich gegen den Wind, dabei zählt er die Kurven. In vielen Windungen verläuft der Deich durch die Marschen, rechts und links von ihm streckt sich fruchtbares Land, das meist vom Vieh abgegrast wird.

Er liebt diese Landschaft und staunt bei jedem Besuch wieder über die Vielfalt der Tiere. Rechts vom Deich fließt ein Bach, an dem ein Reiher steht, wie aus Holz geschnitzt, ohne Bewegung. Unweit von ihm eine Herde Schafe, wollig, braungrau, genügsam. Auch Gänse und Enten laufen frei herum, sie schnattern an einer Pferdekoppel. Hier sehen Pferde nicht wie gezüchtete Zwecktiere aus, sie springen mit wehenden Mähnen in die Freiheit, dabei lassen sie sich von Kuhherden nicht stören.

Schön hier. Am schönsten die Weiher. Schilfumstanden, geheimnisvoll ihre dunkle Tiefe, auf der Fläche gekräuselt vom Wind. Am Ufer ein Boot, neben ihm treffen sich Stockenten und Blesshühner.

Das Fahrrad seines Bekannten braucht mal wieder

Schmiere, die Kette quietscht beim Antritt gegen den Wind. Noch eine Kurve, dann entlässt ihn der Deich in den Valkkooser Weg, auf ihm kommt er zwischen schönen holländischen Bauerngiebeln an.
Aber was ist da außer ihm noch angekommen? Ein Polizeiauto steht mit der in den Niederlanden üblichen schrägen blauroten Strichzeichnung vor dem Haus. Er weiß sofort, dass er gemeint ist. Ausweichen kann er nicht, er ist schon gesehen. Und schließlich ist es für ihn gut, hier gefunden zu werden.
Zwei Beamte kommen auf ihn zu. Der eine redet Deutsch, nennt seinen Polizeiposten von Alkmaar und sagt: „Wir möchten Sie sprechen. Können wir hineingehen?" Steinlein schiebt das Fahrrad zur Garage, in der auch sein Wagen steht, dessen Motorhaube einer der Polizisten anfühlt. Steinlein schließt die Garage zu und die Haustüre auf, lässt die Polizisten eintreten. In der Diele nehmen sie in Korbstühlen Platz.
„Wir sind", erklärt der eine der beiden Beamten, „von der deutschen Polizei beauftragt, Ihnen einige Fragen zu stellen. Zuerst: Seit wann sind Sie hier?"
„Seit ...", die kurze Pause entgeht den Polizisten nicht, „vorgestern."
„Können Sie das beweisen?"
„Nein ... Wieso denn?"
„Haben Sie irgendwelche Zeugen? Wer hat Sie in diesen zwei Tagen gesehen, sprachen Sie mit jemanden?"
„Mit meiner Frau am Telefon."
„Wir meinen: hier am Ort." Die Polizisten wenden ihre Blicke nicht von ihm.
„Nein."
Wieder fragt derselbe Beamte: „Warum sind Sie der Aufforderung der deutschen Polizei in Ihrer Heimatstadt

nicht nachgekommen, zur Klärung eines Sachverhaltes auf die dortige Wache zu kommen?"
„Nun ja, ich hielt das nicht für so wichtig."
„Damit Sie das mit uns nicht auch machen", sagt der Holländer, „bitten wir Sie, mit uns zur Wache nach Alkmaar zu fahren."
Klaus-Dieter Steinlein begreift: Hier gibt es keinen Ausweg, er muss folgen. Von der Garderobe zieht er seine Jacke, nimmt die Schlüssel vom Tisch und folgt den Polizisten.

7.

„Mir scheint, wer in der Welt nichts wird, kann immer noch in der Kirche etwas werden", beginnt Jens Müller am Morgen nach dem Gesprächsabend seinen Bericht im Krankenzimmer seiner Chefin. Er schnäuzt sich, danach beschwichtigt er: „Keine Angst, ich bin nicht erkältet, ich habe nur die Nase voll."
Er kehrt zu seiner These zurück: „Was ich da eben sagte, beweist zum Beispiel Gottfried Bräsig. Seine kleine Metallbude am Stadtrand ist nicht sonderlich innovativ. Jedenfalls hat er neulich seinen einzigen Mitarbeiter entlassen. Aber in der Kirchengemeinde ist er der Vorsitzende, also der Leiter. Der hatte zu dem gestrigen Abend eingeladen, doch bis auf wenige Ausnahmen herrschte und urteilte er allein." Er blickt kurz auf seinen Notizblock, dann fährt er fort:
„Daneben hörten wir noch die betagte Gemeindeschwester Roswitha Liesegang, eine hagere, gallische Person, mit spitzer Nase und scharfen Gesichtszügen. Außerdem sprach Gerhard Schneider, ein seriös wirkender alter Herr, der wohl nur noch ehrenhalber zur Leitung gehört.

Dem, das merkte ich sofort, war die ganze Sache peinlich. Zwar brachte er gegen die Art von Nieburg Kritik vor, aber zugleich äußerte er seinen Respekt gegenüber den Leistungen des Pfarrers.
Klaus-Dieter Steinlein, bedauerte Bräsig, hatte vor, energisch seine kritische Meinung vorzutragen, aber er hätte plötzlich abreisen müssen. Ach ja, da war noch einer, der mit Zwischenrufen sich meldete: Ein junger Mann, der immer wieder Bräsig fragte, ob er die Wahrheit gepachtet habe oder gar der Allmächtige sei."
„Und gab es wieder die üblichen Vorwürfe gegen Johannes Nieburg?"
„Ja, nichts Neues. Nieburg glaube nicht richtig, verbreite Irrlehren und mache zu wenig Hausbesuche. Im Detail will ich das gar nicht wiederholen. Wie du weißt, wird getretener Quark nur breit, nicht stark." Müller wirkt etwas ermattet. „Zum Schluss forderte Bräsig: ‚Entweder predigen Sie so, wie es hier üblich ist, oder Sie verlassen uns', darauf antwortete Nieburg: "Wenn Sie wollen, so verlasse ich Sie, aber nicht die Gemeinde!"
„Danke, Jens, bloß gut, dass ich nicht dabei sein musste. Aber ich glaube, dieser scheinbare Nebenschauplatz ist der eigentliche Tatort."
Jens Müller nickt. „So sehe ich das auch. Übrigens, das Fahrrad ist geklaut." Müller ist wieder auf dem Sprung.
„Mein Fahrrad?"
„Ja, ich war bei der Versicherung. Die zahlt nicht, weil das Fahrrad nicht hinter einer verschlossenen Tür gestanden hat. Hättest du es auf dem Bahnhof abgestellt oder behauptet: Es stand im Keller, wäre die Versicherung aufgekommen."
„Also muss man lügen?"
„Ja, man muss lügen, wenn man Nachteile vermeiden will."

„Da“, wertet die Kommissarin, „brauchen wir uns über die wachsende Kriminalität nicht zu wundern.“

„So ist es.“ Dann fügt er weicher hinzu: „Die Polizei kommt für den Schaden auf, ist ja ein Dienstrad und wurde während der Ausübung des Dienstes gestohlen.“

Eine Weile schweigen beide, sie tröstet die innerpolizeiliche Regelung nicht. Dann kehrt die Kommissarin zur Tagesordnung zurück: „Und wie ist es in Holland gelaufen?“

Jens Müller berichtet: „Gestern Abend wurde Klaus-Dieter Steinlein in Valkkoog von Beamten der niederländischen Polizei abgeholt und zur Wache nach Alkmaar gebracht. Bisher weiß ich nur, dass er behauptet, schon zwei Tage in Valkkoog gewesen zu sein, dafür habe er aber keine Beweise. Sein Auto hat heiß wie nach einer langen Reise in der Garage gestanden. Über Nacht hat man ihn auf der Wache behalten, er wird heute von einem dortigen Inspektor angehört. Ich rufe am Vormittag in Alkmaar an, wahrscheinlich fahre ich noch heute hin.“

„Besorge einen Haftbefehl“, rät die Kommissarin. Dabei gähnt sie heftig, der Rest des Satzes wird von ihrer Müdigkeit fast verschluckt: „... andernfalls verhaften wir ihn wegen Verdunklungsgefahr.“

Jens Müller nickt ihr zu. „So habe ich es vor.“ Er steht auf, gibt ihr die Hand, verspricht dabei: „Die Fingerabdrücke von Steinlein hole ich sofort in Alkmaar. Nun aber“, er schüttelt alle dienstlichen Wichtigkeiten ab, „werde rasch gesund, damit ich für dich kochen kann.“

„Bald, Jens“, sie nickt ihm freundlich zu. „Nach und nach klärt sich alles. Ich glaube, jetzt kann ich schlafen.“

8.

„Guten Tag, Herr Nieburg!“

„Guten Tag, Frau Kleinert! Was ist mit Ihrem Mann?“

„Ach, haben Sie den siebten Sinn?“

„Warum?“

„Er ist heute Nacht gestorben.“

„O Gott.“ Das ist ein Gebet, denkt Nieburg, das kürzeste. Mehr weiß er nicht zu sagen. Er spürt, wie seine Hand am Hörer feucht wird.

„Diese Hoffnung hat mein Mann bis zuletzt nicht verloren. Wollen Sie mal herkommen?“

„Ja ... sofort?“

„Nein, vielleicht am Nachmittag, gegen Drei oder Vier?“

„15 Uhr 30“, bietet Johannes Nieburg an.

„Das ist recht. Mein Mann wünschte, dass Sie die Beerdigung halten.“

Nieburg erschrickt. Er ist zugleich für das große Vertrauen dankbar, das wie eine Auszeichnung ist, aber auch in der Furcht, dieser Aufgabe nicht gewachsen zu sein.

Frau Kleinert wartet, fragt schließlich: „Haben Sie Bedenken?“

„Nein, nein, ich verehre ... verehrte Ihren Mann sehr. Aber sollte nicht ein älterer, erfahrener ...“

„Mein Mann wollte nicht einen von denen, über deren Worte er mitunter sagte ‚es redet‘ – er wünschte Sie.“

„Also werde ich es tun ...“ Nieburg stockt einen Moment, fügt dann hinzu: „... mit Furcht und Zittern.“

„Ich wusste, Sie sind der Richtige. Bis heute Nachmittag.“ Sie legt den Hörer auf.

Johannes Nieburg bleibt wie benommen am Telefon sitzen. Werner Kleinert war der Kollege, dem er willig zuhörte und von dem er sich kritisieren ließ. Er hatte die Gabe, Widerspruch solidarisch anzubieten, ein wirkliches

Angebot, das dem, der es nahm, half. Vor wenigen Tagen hatte er ihn im Krankenhaus besucht. Ein letztes, gutes Gespräch, ein letzter Rat: „Denken Sie an sich und Ihre Frau, das ist kein Egoismus!"
Er versetzt sich in den Verstorbenen, fragt noch einmal: Was würde er jetzt an meiner Stelle tun? Sofort weiß er die Antwort: Er ruft Bräsig an. Der nimmt den Hörer so rasch ab, als hätte er auf seinen Anruf gewartet.
Nieburg teilt ihm die Botschaft mit. Danach fragt er: „Haben Sie die Absicht, an der Beerdigung teilzunehmen?"
„Muss ich wohl als Vorsitzender." Lautet die knappe Antwort.
„Wenn ich Tag und Stunde weiß, gebe ich Ihnen Bescheid. Wollen Sie", bietet Nieburg an, „mit mir fahren?"
„Ich fahre mit meinem Wagen." Er beendet das Gespräch.

Am Tag der Beerdigung ruft Gottfried Bräsig an: „Mein Auto hat eine Macke, ich möchte auf Ihr Angebot zurückkommen."
„Gern. Wir müssten nur eine halbe Stunde mehr als die Fahrzeit einplanen."
„Warum denn das?", poltert Bräsig.
„Ich bin immer so früh auf dem Friedhof, wenn ich die Beerdigung halte."
„Sie?"
Es wird eine sehr schweigsame Fahrt.

In der Halle sitzt Mensch neben Mensch, schwarz gekleidet. Schwärze unterstreicht die tiefe Hilflosigkeit angesichts des Todes, der das Wort raubt und den Atem lähmt. Kein Treffen ist hoffnungsloser als jenes in der Trauerhalle des Friedhofs. Dagegen hat sich vorher Frau Kleinert bemüht, mit Weiß aufzuhellen: Weiße Tücher auf

dem Altar, weißer Behang am Sargwagen, weiße Blumen. Die Ausschmückung ist bescheiden, aber nahezu freundlich. Umso mehr heben sich die schwarzgekleideten Besucher ab, die wie vermummt wirken.
Von der Empore ermutigt der Chor:

Was betrübst du dich, meine Seele,
und bist so unruhig in mir?
Harre auf Gott.

Der Pfarrer blickt zuerst auf den hölzernen Sarg, der in seiner mattgetönten Maserung freundlich wirkt, um dann nach der Witwe zu sehen. Jetzt steht er vorn, nur sein Talar hilft ihm, als Johannes Nieburg zurücktreten zu können. Aber er macht sich nichts vor, die Scheu zwischen Furcht und Ehrfurcht bleibt, und er leidet mit den Leidtragenden. Das Leben des Verstorbenen breitet er nicht aus. Das hat der Verstorbene mit sich genommen und wohnt zugleich sehr verschieden in den Herzen jener Menschen, die ihn näher kannten. Er spricht von der Hörfähigkeit des Verstorbenen, von der besonderen Gabe solidarischer Kritik, von seinem Einfühlungsvermögen, aber auch davon, dass sein Maß nicht Moral, sondern Liebe war, die er besonders all denen gönnte, für deren Arbeit er Verantwortung trug.
Und dann klagt er die Wahrheit, dass der Abschied von der älteren Generation – Eltern, Lehrer, Meister – jenen Schutz raubt, der uns zwischen Leben und Tod tröstet und entlastet. Der Sarg, unausweichliche Mitte dieser Stunde, hält den Blick von Nieburg fest, er stockt, ehe er ohne Rückhalt bekennt: „Jetzt verlieren wir diesen Schutz und rücken als nunmehr letzte Generation nach, vielleicht werden wir so erst erwachsen."

Es ist, als zöge plötzlich ein kühler Wind durch die Halle, eine unbestechliche Klarheit. „Und was bleibt?“ Für Nieburg ist das keine rhetorische Frage, er kämpft bis zuletzt um die gültige Botschaft, die ihm selbst und allen in der Halle gilt: „Nun haben wir mit Gleichen nur noch den Tod zu erwarten, wenn wir nicht Gott haben.“ Ihm aber befiehlt er den Verstorbenen und sagt, was er glaubt: „Zuletzt kommt Gott, vielleicht nur einen Bruchteil einer Sekunde, aber wer misst schon die Länge der Ewigkeit?“
Lange schweigt Gottfried Bräsig neben Johannes Nieburg während der Rückfahrt. Plötzlich spricht er: „Das stimmt schon, was Sie gesagt haben: Der vermeintliche Schutz zwischen uns und dem Tod wird uns beim Abschied von der älteren Generation geraubt. Nun wird es Zeit, dass wir erwachsen werden.“
Nieburg staunt: „So ist es noch besser gesagt.“
„Das ist mir jetzt egal“, wehrt Bräsig ab, „mich beschäftigt, was es heißt, erwachsen zu sein. Das heißt doch wohl, unterscheiden zu können zwischen der Allerweltswahrheit: Alle Menschen müssen sterben, und der Tatsache: Ich selbst muss sterben!“
Nieburg nickt. Sie lassen Baum um Baum einer Apfelallee zurück, dahinter strecken sich Felder bis zum Waldrand. Jetzt können die beiden zum ersten Mal miteinander schweigen.

9.

Sie braucht keine fünf Minuten, um die Haltestelle Trift zu erreichen. Eigentlich heißt die Einheit, so wie die Straße, an der das Wartehäuschen steht, aber das sagt hier niemand. Noch ehe das Neubaugebiet gebaut wurde, sagte man schon zu den Feldern und Wiesen am Stadtrand „Die

Trift". Heute sind auf freier Flur vor den Plattenbauten junge Linden gepflanzt, die sich Reisigbesen gleich spreizen. Claudia kommt von ihrer Oma. Jetzt steigt sie in den Triebwagen, der in Richtung Stadtmitte fährt. Obwohl ihre Strecke nur aus drei Haltestellen besteht, blickt sie sich nach einem Sitzplatz um. Sie ist müde und möchte einige Minuten durchhängen. Stattdessen muss sie hinnehmen, in der überfüllten Schüttel – so wird hier der Triebwagen genannt – eingeklemmt zu sein. Nicht einmal bequem stehen kann sie.
Plötzlich öffnet der Zugführer seine Tür, winkt ihr: „Froleinchen, wollen Sie den Platz neben mir haben? Sie sehen so ähnlich wie meine große Tochter aus und wirken müde."
Davon hat Claudia schon in ihrer Kindheit geträumt: Mal da vorn neben dem Fahrer zu sitzen und überall eher anzukommen als die Leute im Wagen. Wenn sie wollte, könnte sie an jeder Station zu denen wie der Igel zum Hasen sprechen: „Ich bin allhier!"
Tatsächlich hat sie da vorn eine völlig neue Sicht. Sie blickt herab aus höherer Warte. Biegen sie um Häuserblöcke, springt das, was hinter der Giebelwand steht, zuerst ihr und dem Zugführer in die Augen. Und außerdem gewährt der Panoramablick ihr eine neue Sicht auf die Stadt, die erscheint auf einmal größer und erhabener.
Während der Anfahrt zur ersten Haltestelle fragt der Fahrer: „Wie weit fahren Sie?"
„Bis zur Gärtnerei."
„Da steigen wenige aus, aber die Frau da schon öfter." Er zeigt auf eine stattliche Frau, die als Einzige jetzt einsteigt. Claudia erkennt Reinhilde Thiele. „Fährt die immer zur Gärtnerei?", fragt sie.
„Na ja, öfter. Eine Weile habe ich sie nicht gesehen, aber

meist fuhr sie, ehe sie an der Gärtnerei ausstieg, zwei Haltestellen mit mir."
Claudia will wissen: „Wann war das und wie oft stieg sie an der Gärtnerei aus?"
„Na, Froleinchen", er schüttelt den Kopf. „Was Sie nicht alles wissen wollen! Das ist", er überlegt, „so drei oder vier Wochen her, damals kam sie, wenn ich nicht irre, fast jeden Tag, bestimmt eine Woche lang."
Claudia grübelt: Also stammten die etwas kleineren Schuhabdrücke an der Hecke von dieser zweiten Person.
Der Triebwagen hat wieder Schwung. Deutlich ist dem Fahrer anzumerken, dass er die Beschleunigung genießt. Aber Claudia achtet nicht mehr auf die Fahrt, sie denkt über Reinhilde Thiele nach, die jeweils zwei Stationen fuhr: von ihrer Straße bis zur Gärtnerei.

Da ist die Hecke, daneben der grüne Weg, angrenzend der Garten mit den Obstbäumen, dahinter das Wäldchen. Claudia sieht diese Bilder ihrer Landschaft wie zum ersten Mal, und hat doch selbst hier gepflanzt und gehegt. Aber heute sieht sie die verschiedenen Gewächse als lebendige Zeugen einer dunklen Abendstunde.
Auch jetzt steht die Sonne schon tief. So wirft sie auf jede Pflanze unterschiedlich Licht: Zugleich belichtend und verschattend versinkt wie in einem Relief der Tag. Dabei verbirgt die hohe Hecke gnädig den alten verbeulten Wagen. Claudia hat den Bulli nie gemocht. Dieser alte Bock ist knurrig und hat meist zu viel Spiel in der Kupplung, so ist er nie gleich bereit, abzufahren, er verharrt, ehe er sich mit einem Sprung absetzt. Ihr Vater schimpft über ihn bei jeder Ausfahrt.
Da haben sie also gestanden: Hinter der Hecke am knorrigen Apfelbaum. Vielleicht pflückten sie unsere Äpfel,

aßen die bis zum Griebs, den sie einsteckten, um sich nicht zu verraten. Und haben doch Spuren hinterlassen, beide mit ungleichen Abdrücken.
Jetzt sind die Abdrücke verschwunden, nur dicht an der Ligusterhecke grüßt noch ein Rest – rund, ein Erdkreis, global wie der Markt, auf dem die Schuhe gekauft wurden.
Sie greift zum Handy. Die Nummer vom Krankenhaus hat sie vom Telefonbuch abgeschrieben: „Magdalena Jäger, Innere 2, bitte!" Sie wird verbunden.
„Frau Jäger, hier Claudia Fischer." Sie kommt gleich zur Sache: „Eine Nachricht: Auf meiner heutigen Fahrt mit dem Triebwagen sagte mir der Fahrer, Reinhilde Thiele sei vor etwa drei bis vier Wochen immer an der Gärtnerei ausgestiegen."
„Was bedeutet ‚immer'?", fragt die Kommissarin.
„Mehrere Tage hintereinander, so etwa eine Woche lang."
„Und der Fahrer hat sie genau erkannt?"
„Er hat sie mir gezeigt."
„Vielleicht sollten Sie Kriminalistin werden", Magdalena Jäger spricht anerkennend, ohne Ironie. Danach fragt sie: „Geht es Ihnen und Marcus gut?"
„Danke", antwortet Claudia, „jeder ist dem andern gut, doch sehr verschieden."

Altweibersommer

1.

Er klopft nur leise an, sein zweiter Besuch soll nun wirklich nicht mit der Tür ins Krankenzimmer fallen. Die Klinke bewegt sich, erstaunt sieht er Magdalena Jäger in Straßenkleidung auf sich zukommen.

„Ich möchte gern“, bittet sie ihn, „dass Sie mich gleich mitnehmen.“

„Ja, sind Sie denn entlassen?“ Hubert Welsecke hat Bedenken gegen diesen spontanen Aufbruch.

„Ich habe es so eingerichtet.“

„Na, na“, poltert sein schwerer Bass. „Sie werden doch nichts Unvernünftiges machen?“

„Ich habe mit dem Arzt einen Kompromiss abgesprochen.“ Sie lässt ihn eintreten.

Er blickt ein letztes Mal in den Raum: Das Krankenzimmer wirkt aufgeräumt wie das leere Gehäuse einer Uhr. Nichts erinnert an die Zeit dieser Kranken, sogar die Blumen hat sie entsorgt.

Er greift eine Tasche, die gepackt bereitsteht, dabei bemerkt er: „Viel Gepäck haben Sie nicht, aber an Ihrer Einlieferung waren Sie ja nicht aktiv beteiligt. Gehen wir?“

„Gehen wir“, bestätigt Magdalena Jäger, die sich nicht noch einmal umblickt, nur zu gern entkommt sie dem Krankenhaus. Sie geht vor ihm her zum Schwesternzimmer, sich zu verabschieden.

Endlich verlassen beide die Station. Im Fahrstuhl sagt sie zu ihm: „Ich will auf keinen Fall für andere sichtbar aus dem Krankenhaus kommen. Deshalb bin ich froh, mit

Ihnen fahren zu können. Am liebsten hätte ich unser Gespräch in Ihrer Wohnung, weil ich befürchte, nach meiner Abwesenheit ist mein Zimmer nicht wohnlich genug; zumal meine Wirtin nicht weiß, dass ich komme."

Noch lieber führe er mit ihr hinaus ins Grüne. Sie ist blass und sollte sich schonen. Ihr heutiges Treffen gilt einem vereinbarten offenen Gespräch über den Stand der Ermittlungen. Er überlegt, wie er ihr das Gespräch erleichtern könnte. Während er das Auto startet, sagt sie nachdenklich: „Wahrscheinlich betreibe auch ich Nieburgs Wahrheitssuche, deshalb hat sie mich in seiner Sonntagspredigt gar nicht gestört."

„Ich bin", sagt er, „wie Sie sehr einverstanden mit der Ehrlichkeit von Johannes Nieburg. Trotzdem sollte der Unterschied zwischen Ehrlichkeit und Herumreiten auf der Wahrheit bedacht werden, besonders wir Pfarrer müssen das tun, weil wir offenbar meinen, die Wahrheit zu besitzen."

Welsecke konzentriert sich jetzt auf die Fahrt. Erst hinter der nächsten Kreuzung spricht er weiter: „Neulich las ich einen Satz vom Altkanzler Helmut Schmidt in der Zeitung, den ich richtig finde: ‚Ehrlichkeit bedeutet nicht, alles zu sagen, was man denkt, aber das, was man sagt, sollte man auch denken'."

„Vortrefflich." Sie genießt, mal gefahren zu werden, noch dazu von Hubert Welsecke, der das mit Ruhe tut.

Bei ihm angekommen, fragt er:„Was kann ich Ihnen anbieten: Kaffee, Tee, Saft?"

„Etwas Kaltes."

Er stellt ein Glas Wasser und Obstsaft hin und wählt eine CD aus. Kurz darauf erklingt im Zimmer aus der Matthäuspassion von Johann Sebastian Bach die Arie „Aus Liebe will mein Heiland sterben".

Magdalena Jäger hört zu und grübelt, warum Welsecke ihr ausgerechnet diese Arie vorspielt. „Schön", sagt sie nach der kurzen Musik, die noch länger im Zimmer nachklingt, „mehr als schön. Aufgenommen von Holländern?"
„Ja, das Amsterdamer Barockorchester geleitet von Ton Koopman. Aber was Sie da sagten, sollten wir mal festhalten: Mehr als schön – das ist religiös."
„Ja?"
„Ja. Religiöse Gefühle sind so, sie bringen unvergleichliche Harmonie, eine heilige Scheu und Verehrung in die Seele, eigentlich ist religiös unübersetzbar, da ist der Mensch im Frieden und zu Hause. Und jetzt zeige ich Ihnen mal den Text." Er blättert im CD-Booklet, reicht es ihr, sie liest:

Aus Liebe will mein Heiland sterben,
Von einer Sünde weiß er nichts,
Dass das ewige Verderben
Und die Strafe des Gerichts
Nicht auf meiner Seele bliebe.
Aus Liebe ...

Das Blatt hat sie nur überflogen, jetzt sieht sie ihn an. „Und nun wollen Sie wissen, was ich von dem Text halte?"
„Ja."
„Der Text berührt mich nicht. Unwahrscheinlich, dass einer für mich sterben will oder muss. Ich habe nichts davon ..."
„Aber ..."
„Zusammen mit der Musik wirkt der Text freilich sehr innig, weshalb ich sagte: mehr als schön."

„Wenn jetzt jemand käme und würde Sie belehren, dass bei aller Schönheit der Text nicht in Ordnung wäre, was würden Sie ...“

Sie fällt ihm ins Wort: „Ich würde mich nicht beirren lassen, die Arie verteidigen und den Einwand abwehren.“

„Nieburg sieht alles auch so, und hat doch ständig Einwände gegen die Vorstellungen der Leute.“

„Ich glaube, ich weiß, was Sie meinen: Er raubt die Ruhe und stört den Frieden.“ Magdalena Jäger gießt sich noch einmal Obstsaft ein, dabei wendet sie sich ihrem Anliegen zu: „Aber jetzt würde ich Ihnen gern einiges von meinen Funden berichten.“ Sie spricht von Fingerabdrücken und von Gartenblumen, von der Zeugin und dem Augenzeugen, von Schuhen und vom Parkschein, von einer Fahrt mit dem Triebwagen, von Fußspuren im Schuppen und von verschiedenen entlarvenden Verhaltensweisen. Welsecke unterbricht sie nicht. Erst am Ende sagt er: „Sie haben handgreifliche Indizien, aber keine Beweise.“

„Genauso ist es, nun muss ich Herrn Steinlein und Frau Thiele aus der Reserve locken, dass die sich selbst anzeigen.“

„Nicht leicht, aber auch nicht unmöglich.“ Welsecke denkt einen Moment nach, dann meint er: „Das heißt, die Leute bei ihren Schwächen packen. Und wie würden Sie die Schwächen der Täter beschreiben?“

„Er ist abhängig von der Bestätigung durch andere. Wenn ich die Leute, die über ihn sprechen, richtig verstanden habe, so hat er ein Talent dafür, es sich mit allen zu verderben. Wer es aber mit ihm verdorben hat, der hat es für immer verdorben, der bleibt sein Feind, an dem lässt er rachsüchtig kein gutes Haar. Und wer sein Feind ist, der ist daran schuld, dass es Steinlein schlecht geht. So schafft er sich Sündenböcke.“

„Eine kreisende Spirale und Frau Thiele?"
„Die ist eigentlich das Gegenteil von Steinlein. Sie will weniger geliebt sein als noch mehr ihre Liebe los werden. Weil ihr das anscheinend nicht gelingt, schlägt ihre Liebe in Hass um. Sie will sich an der rächen, die ihr angeblich den Mann geraubt hat. Aber wie", will die Kommissarin wissen, „kam es zu dieser Stellvertretertheorie?"
„Die liegt zumindest bei Steinlein sozusagen in der Luft", weiß Welsecke. „Als Hobbytheologe schafft er sich geradezu eine theoretische Grundlage mit diesem im Schuppen gefundenen Bibelspruch aus dem Johannesevangelium, der besagt: „Besser, einer stirbt für alle, als dass alle umkommen."
„Aha, womit gemeint ist ...", Magdalena Jäger richtet sich auf eine längere Erklärung ein, aber Welsecke sagt nur: „Einer soll für alle stellvertretend geopfert werden, so werden alle frei vom bösen Schicksal. Ähnliches kam im Kriege vor: Wenn Partisanen ein Attentat verübten, die Täter danach nicht gegriffen wurden, tötete man stattdessen Bürger eines Dorfes – oder einen für alle, zum Beispiel den Bürgermeister oder den Pfarrer."
„Hier zielt Stellvertretung auf Nieburg?"
„Genau. Damit nicht die Gemeinde durch falsche Lehren oder Fehlverhalten des Pfarrers zugrundegerichtet wird, soll der Pfarrer vertrieben werden. Und dafür ist anscheinend jedes Mittel Recht."
Im Zimmer wird es still. Magdalena Jäger blickt auf die Möbel, die sicher schon dem vorher hier tätigen Pfarrern als Wohnzimmer gedient haben und künftigen Pfarrern dienen werden. Sie wirken unpersönlich und haben für sich allein nichts von der Atmosphäre Hubert Welseckes, die sind nur durch seine Gegenwart liebenswert. Und ich? Sie stellt ihm plötzlich die Frage: „Wer ist schon genug geliebt?"

2.

Sie drückt die Tür ins Haus und steigt die wenigen Stufen zur Wohnung hinauf. Kaum hat sie geöffnet, geht auch schon nach kurzem Flackern des Gucklochs die Tür auf. Frau Henkel ruft empört: „Aber, Frau Jäger, ich hatte Ihnen bei meinem Besuch im Krankenhaus doch gesagt, dass ich Sie abhole! Nun ist nichts für Sie vorbereitet."
Frau Jäger will die alte Frau abwehren, sie mit freundlichen Dankesworten loswerden und in ihr Zimmer fliehen. Aber da hat sie die Rechnung ohne die Wirtin gemacht. Die will ihr wenigstens noch einen Rat mitgeben: „Warum jagen Sie kaputte Leute und gehen dabei womöglich selber kaputt?"
„Am liebsten möchte ich das wieder ganz machen, was die kaputt gemacht haben."
„Na, na", warnt die Wirtin, „übernehmen Sie sich nicht!"

3.

Johannes Nieburg hat die Einladung zum diesjährigen Altweibersommerfest geschrieben. Er liest sie noch einmal, verbessert einige ungenaue Aussagen. Danach hört er sich selbst beim lauten Lesen der Einladung zu:
„‚Die Bäume sagen: es wird Herbst.' Ehe es so bunt kommt, wollen wir auch dieses Jahr den Altweibersommer feiern ..."
Nieburg unterbricht, er hat gar keine Lust zum Feiern. Am liebsten möchte er fliehen. Hier führt aber kein Weg heraus, also liest er weiter: „... aber nicht wie üblich als Maskenfest – zum Versteckspiel ist unser Sommer zu ernst gewesen. Wir sollten uns eher zu einem besinnlichen, vielleicht auch nachdenklichen Treffen einfinden. Natürlich halten wir auch wieder Rückblick auf unser

Gemeindeleben. Reinhilde Thiele wird uns Fotos von besonderen Ereignissen zeigen." Er unterbricht, um für den neuen Anlauf Luft zu holen, danach fährt er fort:
„Sagen Sie bitte Ihr Kommen zu. Als Tag wählen wir wie immer den letzten Sonntag im September. Wir beginnen mit Eintritt der Dunkelheit im Gemeindehaus.
Übrigens, wussten Sie schon: Die Fäden, die im Altweibersommer durch den Wind getragen werden, stammen nach Ansicht des Volksmundes von Elfen und Zwergen oder eigentlich von der Jungfrau Maria. Warum sollten nicht Märchen und Legenden zum Gelingen unseres Festes beitragen?
Es grüßt Sie Ihr Pfarrer Johannes Nieburg."
Zuletzt will er den Text noch seiner Frau zeigen. Er findet sie in der Küche, beschäftigt mit der Bereitung des Mittagessens. Sie sagt: „Lies mal vor, ich koche dabei weiter."
Aber da schellt die Haustürklingel. Nieburg geht zur Tür. Der dröhnende Bass von Hubert Welsecke lockt Karin Nieburg aus der Küche. Die Begrüßung ist herzlich, Welsecke nimmt gern die Einladung zum Mittagessen an. Inzwischen gehen die Männer in Nieburgs Arbeitszimmer.
Dort erklärt Hubert: „Frau Jäger war bei mir. Wir sollten ihr helfen."
„Ist sie denn nicht mehr im Krankenhaus?", fragt Johannes erstaunt.
„Sie hat sich entlassen lassen. Übrigens soll ich dich herzlich von ihr grüßen. Mir hat sie vorhin mal einiges aus ihrem Geheimwissen erzählt. Dabei gewann ich den Verdacht: Klaus-Dieter Steinlein und Reinhilde Thiele sind gegen Annerose Fischer tätig gewesen."
„Auf Steinlein waren wir schon gekommen, aber die Thiele?"

„Nicht aktiv, die hat sozusagen angespitzt – mit einem anderen Motiv als Steinlein. Sie handelt wohl aus Eifersucht und er aus Rachsucht."
„Logisch! Na, fein." Nieburg wischt angeekelt seine Hände an der Hose ab.
„Nur dumm für die Kriminalisten, dass sie zwar reichliche Indizien haben, aber keine Beweise. Sie müssen sozusagen die beiden Täter so sehr anheizen, dass die überkochen, also sich selbst preisgeben."
„Und wie kann das geschehen?"
„Ich habe da eine Idee: Reinhilde Thiele zeigt doch alle Jahre ihre Fotos vom Gemeindeleben beim Altweibersommer-Fest. Es ist doch noch so, dass die das macht?"
„Ja, als Hobbyfotografin."
„Da könnte man doch einige Bilder von Fischers Bulli und was weiß ich noch drunter mischen."
Überrascht sieht Johannes seinen Freund Hubert an, der hier anscheinend in seiner geraden und aufrichtigen Art nicht zu erkennen ist. Aber gerade diese Ausnahme ist nötig und nimmt für die Idee ein. „Verblüffend und vielleicht die einzige hilfreiche Idee", bestätigt Nieburg.
Die Freunde vereinbaren, mit keinem Menschen ein Wort darüber zu wechseln.

4.

„Wir sind jetzt kurz vor Groningen. Machen wir die erste Pause bei Oldenburg?" Müller spricht über die Schulter zu Schmidt, der hinter ihm sitzt.
„Wenn Sie mit dem Benzin so weit reichen", antwortet der Hauptwachmeister.
Sie fahren weiter. Im Spiegel überblickt Jens Müller den Fond. Steinlein hockt geknickt auf der Rückbank. Der

ist sein eigenes Opfer, denkt Müller. Immer wieder wird er es schaffen, sich in unmögliche Situationen zu bringen. Nun bringen wir ihn auf Staatskosten in seinen Heimatort. Ein Täter ohne Beweise, das ist alles, was er mit seinem Leben erreicht. Was täte ich, wenn ich in seiner Lage wäre? Müller setzt sich in seiner Fantasie hinten in den Fond, bewacht von Schmidt und Steinlein. Er träumt mit offenen Augen: Als Steinlein täte ich irgendwann etwas furchtbar Unvernünftiges, weil mir mein Dasein im Schatten öde auf die Ketten ginge. Besser ganze Finsternis als getrübtes Licht! Und was? Abhauen würde ich, alles verlassen, verschwinden, mich in Luft auflösen ... Mal sehen, ob er's macht.
Sie finden die nötige Tankstelle bei Oldenburg. Vorsichtshalber legt er hier Steinlein Handschellen an, bevor er den Wagen verlässt: „Damit Sie sich bei freier Bewegung nicht zu ungezwungen fühlen", begründet er. Steinlein lässt es sich ohne Widerspruch gefallen. Aber schon eine viertel Stunde nach dem Tanken erklärt Steinlein an einem Waldstück: „Ich muss mal pinkeln."
„Ach", Müller sieht belustigt in den Rückspiegel, „jetzt plötzlich. Und an der Tankstelle mussten Sie nicht?"
„Nee."
„Sagen wir in einer Stunde?"
„Dann pinkle ich ein."
Müller fährt weiter, anders geht es nicht. Aber jetzt fährt er planmäßig. Auf den nächstmöglichen Parkplatz weist er Schmidt an: „Führen Sie Steinlein in die Büsche, aber passen sie gut auf. Regen kommt auf, ich überprüfe inzwischen die Scheibenwischer."
Schmidt geht genau hinter Müller. Steinlein bittet, ihm die Handschellen abzunehmen: „Ich kann sonst nicht ..."
Der Polizist tut das. Nach kurzem Weg stellt sich Steinlein

an einen Baum. Schmidt dreht sich diskret um. Woher kommt plötzlich der Stein? Aber ehe Steinlein zuschlagen kann, ruft Müller: „Hände hoch!" Er ist mit gezogener Pistole gefolgt. Während er nun die Handschellen wieder anlegt, denkt er mit Genugtuung: Nützlich, sich in den Täter zu versetzen.

5.

Herbert Krüger muss sich jeden Tag auf der Wache melden, auch heute. Weil Jens Müller und Hauptwachmeister Schmidt in Holland sind, kriegt Magdalena Jäger ihn zu sehen, das ist ihr nur recht. „Schicken Sie ihn rein!"
Krüger hat ihren barschen Ton gehört, jetzt steht er mit der Mütze in der Hand fast demütig vor ihr.
„Sagen Sie mal", blafft ihn die Kommissarin an, „wie lange wollen Sie uns noch mit Ihrer Verweigerung hinhalten? Wenn wir nichts weiter zu tun hätten, als Ihren Starrsinn zu ertragen, wären wir weiß Gott schon genug belästigt. Jetzt rücken Sie mal ausnahmsweise mit der Wahrheit heraus!"
Bei Müller ist er mit seinem Schweigen zurechtgekommen. Jetzt wird es für ihn schwer, sich zu verstocken.
„Ich sagte doch schon, mit dem Anschlag auf Frau Fischer habe ich nichts zu tun, und ich kenne den Steinlein nicht."
„So, Sie kennen den nicht. Aber Sie sind doch mit ihm am Dienstag in der Trift gesehen worden."
„Das war er nicht."
„Ach, nee, woher wissen Sie das?"
„Was?"
„Dass Steinlein es nicht war. Ich dachte, Sie kennen den nicht?!"

„Weil es ...“ Er kriegt den Satz nicht zuende.
„Weil es ...?“
Jetzt schweigt er.
„Immerhin geben Sie zu, sich im Neubaugebiet mit jemandem getroffen zu haben. Nun sagen Sie schon den Namen!“
Krüger, in einer Sackgasse, hat mehr gesagt, als er wollte. Er überlegt.
„Keine Ausreden, Herr Krüger! Wer war der Mann, mit dem Sie sich“, sie zieht die Akte, nennt genaues Datum und Uhrzeit, „am Rande des Neubaugebietes im Unterholz getroffen haben?“
„Ein Freund, äh, ein Bekannter.“
„Hoffmann?“
„Hm.“
„Ist er also doch in der Stadt?“
Wieder schweigt Krüger.
„Jetzt aber rasch, sonst loche ich Sie wegen Verdunklungsgefahr ein. Sie trafen sich also mit Hoffmann?“
„Ja, er ist wieder da.“
„Sieh an“, Magdalena Jäger feixt, „mal ist er da, mal nicht da. Wie der Kasper aus der Kiste. Jetzt mal klipp und klar: Es war Hoffmann!“
„Ja.“
„Sieht der so ähnlich aus wie Steinlein?“
„Ja.“
„Ach, ja?“ Sie beugt sich vor und blickt ihm in die Augen. „Bisher kannten Sie den gar nicht. Woher kennen Sie ihn?“
„Ich hab ihn mal in der Werkstatt gesehen, er lässt da seinen Wagen reparieren.“
„Na, schön. Also können Sie ihn von Hoffmann unterscheiden.“

„Ich habe den Steinlein nie privat getroffen. Mit dem habe ich nichts zu schaffen, nur mal als Kunden."
„Ich will Ihnen das glauben, wenn Sie mir jetzt sagen, was Sie mit Hoffman betrieben haben."
„Wir sprachen über ein Geschäft."
„Den Einbruch in Ihre frühere Werkstatt?"
Er schweigt.
„Ich nehme Ihr Schweigen als Bestätigung."
Das laute Schweigen hält an.
„Und wo können wir ihn treffen?"
„Bei mir."
„Inspektor Müller wird das überprüfen. Morgen kommen Sie mit Hoffmann her. Ist das klar?"
Krüger nickt.
Sie können gehen. Ach, noch eine Frage. Sie blickt dem halbabgewendeten Mann in die verquollenen Augen. „Sagen Sie mal, stürzen Sie öfter ab?"
„Sie meinen ..."
„Ja, ich meine: Wenn Sie nicht saufen würden, wären Sie glaubwürdiger. Aber ich glaube Ihnen, dass Sie in den Fall Fischer nicht hineingehören."
Sein Kopfnicken scheint zu bedeuten: Na endlich! Dabei sieht er plötzlich nicht mehr wie ein Betonklotz aus, zumal er rot wird.
Kommissarin Jäger trennt endgültig den Fall Fischer von Herbert Krüger. Sie ist sicher, Krüger kann zwar gewalttätig werden, aber doch nur spontan. Seine Straftat überlässt sie Jens Müller, die fällt in sein Ressort.

6.

Schlaksig sein Gang. Jacke und Hose hängen wie fleischlos auf Stangen. Durch Röhren spießen Ellenbogen und

Knie. Aber zuverlässig greift aus weitem Ärmel seine kräftige Hand, drückt herzlich die ihre, während er sich über seine Botschaft freut: „Er sitzt!"
Magdalena Jäger berichtigt: „Noch steht er." Dabei blickt sie an dem vor ihr stehenden Jens Müller hinauf, findet, der hört ja überhaupt nicht auf. Solche Typen hat sie bisher nur lächerlich gefunden. Aber nicht Jens Müller, den achtet sie, und sie freut sich, dass es ihn gibt.
„Ich meine Steinlein", klärt Müller auf, „der hat sich selber in den Kasten gebracht."
„Erzähle!"
„Unterwegs auf einem Parkplatz wollte das Steinlein mittels eines gefundenen Steines fliehen." Er sieht Unverständnis in den Augen seiner Chefin. Deshalb erklärt er: „Also, das war so: Steinlein nutzte eine Pinkelpause, seinen Bewacher, Hauptwachmeister Schmidt, durch Steinschlag auszuschalten, um fliehen zu können. Da legte ich ihm Handschellen an."
„Rechtzeitig!"
„Ja, freilich. Ich war doch im Dunkeln hinterhergeschlichen. Jetzt haben wir endlich den Grund gefunden, ihn einzulochen."
„Dumm!" Magdalena Jäger zeigt sich gar nicht begeistert.
„Was?" Müller versteht nicht.
„Ich brauche ihn doch am Sonntag beim Gemeindefest." Sie erzählt ihm den Plan, der ursprünglich von Welsecke stammt: „Wie üblich wird Reinhilde Thiele während des Festes Bilder vom Gemeindeleben kommentieren. Unter diese sind ohne ihr und Steinleins Wissen einige Fotos von dem Tatort und dem Bulli gemischt."
„Plumpe Falle", findet Müller.
„Aber Jens!" Sie lädt ihn ein, sich neben sie zu setzen,

um in gleicher Augenhöhe erklären zu können: „Wie du weißt, vollbringen die einfachsten Impulse oft größte Wirkungen. Wir nutzen hier nur Vorgänge, die an diesem Ort alle Jahre vorkommen. Frau Thiele bringt ihre Fotos an. Die führt jeweils Herr Steinlein als Powerpoint-Präsentation vor, sie erklärt die gezeigten Bilder. Alles ist auf nahezu naive Weise normal. Wenn da plötzlich unbekannte Bilder auftauchen, dann ..."
„... dann", fährt Müller fort, „fällt der Verdacht auf Steinlein ..."
„... dass er die Tatort-Fotos untergemischt hat, beendet Magdalena Jäger den Satz. „So erreichen wir, dass Steinlein dem Zorn von Reinhilde Thiele ausgesetzt wird."
„Und du willst es auf einen öffentlichen Krach zwischen den beiden ankommen lassen?"
„Schlimmer noch", Magdalena Jäger steht auf und geht im Zimmer auf und ab, „ich will ihn provozieren."
„Na", Müller wird sarkastisch, „das kann ja ein heiteres Fest werden."
„Siehst du andere Möglichkeiten, die beiden zum Reden zu bringen?"
„Die Indizien reichen nicht!"
„Hat das der Staatsanwalt gesagt?"
„Auch die Richterin und die Kollegen aus Holland. Als berechtigten Grund für eine Verhaftung haben wir nur Verdunklungsgefahr, zumal wir noch nicht mal das Gutachten über die Fingerabdrücke besitzen. Immerhin können wir ihm neuerdings einen Anschlag auf einen Polizisten vorwerfen, mehr nicht."
„Sogar auf zwei!" Magdalena Jäger genießt sein ratloses Gesicht.
Der Schnelldenker erweist sich ausnahmsweise als begriffsstutzig: „Zwei, wieso ..." Plötzlich begreift er: „Na,

klar: Der Anschlag auf dich gilt von der Spurensicherung als bewiesen. Zwei Anschläge auf die Staatsgewalt, damit kann er eine Weile sitzen."
„Wenn wir ihn nicht laufen lassen ... Also?"
„Also." Müller gibt auf. „Aber dass du kaum aus dem Krankenhaus entflohen, hier auf der Wache sitzt, das ist mehr noch als gewagt, das ist kriminell!"
„Okay, Jens, ich verschwinde. Aber vorher lassen wir uns den Steinlein bringen."

Die Kommissarin betrachtet lange den vor ihr sitzenden Täter. Zu lange, findet der. Er versucht Haltung zu gewinnen, aber sein Selbstbewusstsein reicht dazu nicht. Kratzig seine Stimme, während er fragt: „Was wollen Sie von mir?"
„Ich will wissen", antwortet die Gefragte, „ob Sie zu weiteren Brutalitäten fähig sind."
Steinlein schweigt, er grübelt: Habe ich die beeindruckt? Am liebsten möchte er von seiner Notwehr sprechen, die aus ihm brach, während er ungerechter Weise von dem Polizisten festgehalten wurde. Aber dann reflektiert er: Was habe ich denn getan? Nichts ist bewiesen, auch wurde bisher kein schwerwiegender Vorwurf gegen mich erhoben, also kann ich nicht als schuldig gelten.
Aber er bringt kein Wort heraus. Gewöhnt, ein schlechtes Gewissen zu haben, gewinnt er nicht an Boden.
„Ich spreche von Ihren Anschlägen auf Hauptwachmeister Schmidt und auf mich."
„Ich habe Ihnen doch gar nichts getan", kleinlaut seine Stimme.
„Für beide Anschläge haben wir Beweise: Im Schuppen fanden wir eindeutig Ihre Spuren ..."
„In welchem Schuppen?" So ahnungslos wie seine Worte klingt seine Stimme nicht.

Magdalena Jäger, nicht bereit, sich ausfragen oder für dumm verkaufen zu lassen, spricht unbeirrt weiter: „... und bei Ihrem Angriff auf Hauptwachmeister Schmidt war Inspektor Müller Zeuge. Erstaunlich ist nur ...“, die Kommissarin sucht nach dem passenden Vorwurf, um dann bei der sachlichen Feststellung zu bleiben, „früher wagten Sie sich solche Gewalttaten nicht.“
„Wann ... früher ?“
„Zum Beispiel als Ingenieur in Ihrem Betrieb.“
Steinlein schweigt. Unbehaglich ist es, bespitzelt zu sein. Zugleich erinnern ihn die Worte der Kommissarin, wie in ihm früher oft die Wut kochte, aber nie überkochte. Da hat sie recht: Er traute sich nicht.
Sie bohrt weiter in ihn: „Seit wann sind Sie gewalttätig?“
„Aber ich ... ich habe doch gar nichts getan. Unterwegs, das war nur Notwehr.“
„Und ob Sie etwas getan haben“, Magdalena Jäger holt zum gezielten Schlag aus: „Sie waren es, der den Bulli fuhr!“
„Aber ich habe doch ...“ Er schluckt, fast hätten ihn seine eigenen Worte verraten.
„Was haben Sie?“
„Ich meine“, er wischt sich mit dem Taschentuch über die Stirn, „also ich bin mit dem Bulli doch gar nicht gefahren.“ Verwirrt blickt er die Kommissarin an, fragt: „Wann soll ich denn damit gefahren sein?“
„Diese Frage richten Sie am besten an sich selbst!“ Jens Müller, der bisher abseits gestanden hatte, geht auf Steinlein zu, bohrt einen harten Blick in die verschatteten Augenhöhlen des Angeklagten und erklärt: „Wir haben Beweise, Ihre Fingerabdrücke am Magnetschalter sind gefunden.“ Jetzt kann Müller nur hoffen, dass ihm die Spurensicherung Recht gibt. „Wann sind Sie mit dem Bulli gefahren?“

„Ich hatte doch ..." Steinlein fasst sich an den Mund, als wollte er die Worte zurück in den Mund stopfen.
„Am besten, Sie sagen die Wahrheit", rät Müller.
„Ich ... Ich sage jetzt gar nichts mehr."
„Doch, Sie werden uns sagen, warum Sie das taten!"
Steinlein, der sich nur noch wünscht, in seine Zelle gebracht zu werden, schwitzt sichtbare Angst und geht unter Wasser. Erbärmlich sein Anblick.

Die Beamten spüren, er ist einem Geständnis nahe, aber damit wäre er in der Tat allein und Reinhilde Thiele nicht zum Reden gebracht. Magdalena Jäger bricht das Verhör ab, fragt Steinlein: „Sie haben eine Aufgabe beim Altweibersommer-Fest Ihrer Gemeinde?"
„Ja, ich bin für die Technik zuständig", froh, nicht mehr verhört zu sein, gibt er gern Auskunft, „besonders für den Laptop und Beamer ... beim Gemeindebericht."
„Gut, tun Sie das, wir stellen Sie für das Fest frei. Wir tun das aber nur unter dem schriftlichen Versprechen, im Anschluss uns zur Verfügung zu stehen."
„Ja, ja, ich verspreche es."
„Und Sie halten das auch?"
„Ja, ich halte das Versprechen."
„Gut, im Übrigen werden Sie dabei gründlich, wenn auch unauffällig bewacht." Magdalena Jäger gibt Jens Müller ein Zeichen, den Verhörten abführen zu lassen. Sie rät Klaus-Dieter Steinlein, ehe er abgeführt wird: „Über Ihre Verhaftung reden Sie besser nicht."

7.

Es ist schon sein fünfter oder sechster vergeblicher Entwurf. Er zerreißt den Zettel, brummt wütend: „Ich bin kein Redenschreiber, das liegt mir nicht!“ Seine Frau, die neben ihm im Wohnzimmer sitzt, bemerkt: „Du musst das ja nicht machen, überlasse die Begrüßung doch dem Pfarrer.“

Gerlinde Bräsig gefällt es ganz und gar nicht, wie ihr Mann den Abend zubringt. Der wird nach jedem Versuch aggressiver, stöhnt und schimpft über die Schinderei. Sie wagt sich kaum zu räuspern, in der Furcht, seine Wut noch zu steigern.

Die Begrüßungsrede beim Gemeindefest nicht zu halten, kommt für ihn nicht in Frage. „Ich bin schließlich der Vorsitzende“, erklärt er seiner Frau, die das ohnehin weiß. „Der Pfarrer ist hier gar nicht zuständig“, fährt er fort, „der kann zwar mit seiner Redegabe alle einwickeln, aber Repräsentant der Gemeinde bin ich.“

„Na, dann musst du wohl repräsentieren“, Gerlinde bedauert ihn nicht, er teilt ihre Sorgen auch nicht. „Musst du denn“, sie wagt einen Widerspruch, „hier im Wohnzimmer schreiben? So kann ich bei meiner Flickerei nicht einmal fernsehen.“

Empört fährt er sie an: „Soll ich vielleicht die Rede in der Werkstatt schreiben?!“

„Du hast dort ein Büro.“

„Diesen Saustall?!“

„Wenn du nicht aufräumst ...“ Sie spricht geduckt in das Kleidungsstück hinein, an dem sie gerade näht.

„Sag mal“, ihm schwillt der Kamm, „suchst du Streit?“

Rot angelaufen und noch immer den Kopf gesenkt, stottert sie kleinlaut: „Nein, nein, ich ... wollte nur ...“

„... nur stänkern, ja? Ich weiß!“ Sein künstliches Lachen klingt wie ein böses Bellen. Aber er gibt auf, greift seine Zettel und Stifte, holt aus dem Bücherregal zwei Bände und verlässt das Zimmer.

In der Werkstatt wischt er mit dem Ellbogen weg, was ihn stört. So schafft er Platz auf dem Schreibtisch für Papier und Stifte, auch für die beiden mitgebrachten Bücher. Dass dabei einiges über die Tischkante stürzt, stört ihn nicht.
Gottfried Bräsig zieht einen Stuhl heran und hockt sich hin. Eine Weile grübelt er, dann greift er zum Telefon. Es dauert lange, ehe sich unter der gewählten Nummer eine müde Frauenstimme meldet. Er fragt sofort: „Ist Ihr Mann da?"
„Sind Sie es, Herr Bräsig? Können Sie sich nicht melden?" Frau Steinlein verbirgt ihren Ärger nicht.
Er brummt etwas, das mit gutem Willen als Entschuldigung gehört werden kann, dann wiederholt er: „Ist Ihr Mann da?"
„Nein, der ist verreist."
„Ich dachte, er wäre schon zurück."
„Nein."
„Na, dann gute Nacht!"
Von dem kriegt er also keine Hilfe. Aber er muss anfangen, dafür ist eine Idee nötig, eine Eingebung. Gottfried Bräsig weiß nur eins: Einen besseren Pfarrer braucht die Gemeinde! Einer, der die richtigen Worte spricht und gehört wird.
Er überlegt, ob es gut wäre, Thiele anzurufen. Einen verunglückten Anruf mehr? Nein, ich mache das alleine. Er liest einige Absätze im angefangenen Buch, dabei schläft er ein.
Im Traum sieht Bräsig einen Pfarrer am Altar der Stadtkirche hantieren. Den kennt er nicht. Der hat ein Gesicht wie jedermann, und so predigt er auch. Er möchte aufstehen, ihm ins Wort fallen, rufen: So nicht, Schlafmütze, wir leben im 21. Jahrhundert! Aber er kann sich nicht

wehren; seine Ohren müssen hören, was der ungestört brabbelt. Wäre ich doch taub, schreit er ohne Stimme. Während er gegen seine verschlossenen Lippen kämpft, sich gegen seine gelähmten Beine wehrt, will er nur noch fort, weit fort, aus sich herausspringen – und fällt vom Stuhl.
„Mein Gott!" Bräsig steht auf, reibt mit seinen dicken Fingern den Schlaf aus den Augen. Angst sitzt noch in seinen Knochen, sein Hemd ist nassgeschwitzt. Er, der den Ton angibt und auf Widerspruch nicht hört, fühlt sich unglaublich klein.

8.

Bevor das Gemeindefest beginnt, fahren Magdalena Jäger und Jens Müller ins Grüne. Sie haben kein Ziel beschlossen. Er weiß Bescheid und meint mal wieder: „Wo es schön ist, ist es am schönsten." Unterwegs reden sie wenig. Magdalena Jäger genießt die Fahrweise von Jens Müller, die ansteckende Freude hat. Da können die beiden ihren Beruf mal ganz vergessen.
Schon vom Weiten leuchtet die Kastanie. „Schade, dass sie nicht Kerzen aufgesteckt hat." Jens sieht sie am liebsten im Frühlingskleid. Sie steigen die kleine Anhöhe hinauf. Er keucht etwas, sie nimmt die Steigung locker und freut sich an dem Gewinn: „Das Radfahren in Hartenberg ist mir gut bekommen."
Gelehnt an den Baum sitzen sie lange schweigend, jeder richtet sich unter dem Himmel ein und streckt die Beine ins Gras.
Magdalena bricht das Schweigen: „Sag mal, Jens, wann warst du dir über die Täter sicher?"
„Ich wurde mir bei Steinlein sicher, als ich begriff, der

geht zwischen seiner Hörigkeit und seinem Hass hin und her, als Lösung für sein Elend sieht er nur die Gewalt. Außerdem ist der Bullifahrer kurz, der Mann am Grundstück der Fischers kurz und er ist in allem der Zukurzgekommene. Und du?"

„Mir war Reinhilde Thiele in ihrem Hass verdächtig, warum hasste die mich, die sie gar nicht kennt. Verhalten sich nicht Täter oft so, wenn wir ihnen auf der Spur sind? Dann wieder verriet sie mir der verhassten Fremden als Grund für ihre Gartenarbeit, hoffentlich mit Blumen ihren Mann gewinnen zu können. Ihr Tatmotiv ist die Eifersucht."

„Gärtnerin tötet Gärtnerin." Die Worte verdunkeln seine Stimme.

Magdalena Jäger blickt die Anhöhe hinab ins Tal. Dort entdeckt sie eine merkwürdige Dunkelheit. „Sag mal", sie zeigt hinunter, „ist das Regen?"

„Ja, die haben Regen und wir Sonne, und zwischen hier und dort", bemerkt er mit heller Stimme, „steht ein Regenbogen."

„Eine Brücke ins Leben."

Eine Weile ist nur der Wind zu hören. Dann nimmt sie das Gespräch wieder auf: „Der Kirchenvater Augustin sagte mal: Das Böse ist ein Mangel an Sein, da fehlt etwas im Leben."

„Das passt ja", bestätigt Müller. „Unsere Täter haben beide dieses Loch im Leben."

„Wobei", bekräftigt Magdalena Jäger, „Steinlein dieses Motiv sogar christlich verbrämt."

„Ist eigentlich die Thiele auch so eine Kirchenmaus?" Jens Müller sind die kirchlichen Bräuche fremd, er interessiert sich nur für Inhalte.

„Ich glaube nicht. Aber nach meiner Meinung spielt hier

der Glaube keine große Rolle. Ich würde sagen: Sie gehen beide an ihr Leben mit einer Störung heran, wie du richtig sagst: mit einem Loch im Leben."
Ein kühler Wind kommt auf und vertreibt den Regenbogen. Aber nicht nur deshalb frösteln beide.

9.
Wütend blickt sie in den Spiegel und denkt: Mein Unglück steht mir auch noch! Reinhilde Thieles Gesicht ist schmaler geworden, es wirkt gestrafft. Noch vor wenigen Wochen fand sie sich teigig und vermied es, in den Spiegel zu sehen. Jetzt spiegelt sie sich, lässt sich sehen und blickt zurück, denkt: Wer ist die? Und ... wer bin ich?
Im kostbaren Biedermeierzimmer, ein Familienerbe, brachte sie früher Stunden zu. Gewonnene Zeit? Hoffentlich, hatte sie bei der Einrichtung des Zimmers gesagt. Genützt hat es nicht, Reinhard ist ihr gegenüber mit den Jahren verstummt. Totgeschwiegene Zeit. Immer nur gedachte Gespräche.
Reinhard Thiele reißt die Tür auf. Erschrocken wehrt sich Reinhilde: „Kannst du nicht sanfter auf die Klinke drücken!"
Er legt ihr einen Zettel hin, sagt: „Das ist gerade für dich gekommen. Zeigst du wieder Fotos beim Altweibersommer?"
Sie überfliegt das Blatt, antwortet nebenher: „Muss ich wohl, hab es versprochen."
„Hast du genug anzubieten?"
„Nun ja ..." Sie überlegt. „Von der Weihnachtsfeier, vom Gemeindeausflug, von der Konfirmation ... Da kommt schon was zusammen."
„Na, schön. Da werden sich die Leute freuen."

„Willst du denn nicht dabei sein?“ Sie blickt ihn prüfend an, seine Haltung wirkt auf sie ausgesprochen kühl, wenn nicht gar desinteressiert.
„Doch, doch – du weißt ja, umwerfend finde ich so ein Gemeindefest nicht gerade.“
„Meinst du die Teilnehmer?“ Misstrauisch ihre Frage, der sie schneidend hinzufügt: „Dir fehlt dort wohl Annerose Fischer?“
„Wie kommst du nur immer auf die?“ Er wendet sich zur Tür.
Sie blickt ihm nach, sieht an ihm nichts mehr gerade und aufrecht, die Schultern hängen, der Rücken buckelt. Ihre Stimme verliert alle Schärfe, fast sachlich stellt sie fest: „Auf die komme ich schon lange.“
Er verlässt das Zimmer, dabei spricht er zur Tür hinaus: „Dazu hast du gar keinen Grund.“

Zum Altweibersommer-Fest läuft Reinhilde Thiele über die große Flussbrücke hinüber in den Wald. Dort ist sie verstrickt in zarte Fäden zwischen Baum und Strauch. Besitzt die Jungfrau Maria wirklich Haare wie ein altes Weib? Zwischen Büschen, wenig von Blättern geschützt, wird sie von der tiefhängenden Sonne getroffen. Sie blinzelt durch das Gespinst der Marienfäden. Ihr Kleid bleibt im Unterholz hängen, ihre Haare verfilzen in Zweigen.
Nicht wild genug kann es in ihrem aufgewühlten Gemüt zugehen, während es in ihrem Kopf lärmt: Altweibersommer. Warum denkt man dabei an mittelalterliche Hexenküchen, an Elfen und Zwerge? In jedem Weib eine Hexe. In jedem alten Weibe zwei. Altweibersommer – in diesem Wort schwingt eine Drohung mit!

10.

Was beim Altweibersommer-Fest geschieht, sorgt noch lange für Gesprächsstoff in der kleinen Stadt. Sofort schafft es Gottfried Bräsig mit seiner Begrüßungsrede, die Aufmerksamkeit zu gewinnen. Er führt nicht nur den Zuhörern die Schönheit ihrer Stadt vor Augen, die sie so noch nicht gesehen haben, auch erreicht er neue Aufmerksamkeit für den Pfarrer.

Wer da erwartet hatte, dass er neue Angriffe startet, erlebt eher das Gegenteil. Eine empfindsame Stimmigkeit springt aus den Worten des sonst etwas vordergründig und förmlich argumentierenden Vorsitzenden. Am meisten trifft er damit Johannes Nieburg, dessen eindeutige Sicht auf einmal bröckelt. Nach der Rede kann er nicht anders, als die Hand von Bräsig zu drücken; der zeigt dabei eine bei ihm unbekannte spröde Scheu. Selbst Magdalena Jäger und Jens Müller sind erstaunt.

Beim anschließenden Essen kommt es zu munteren Gesprächen, die so lebendig sind, dass für die nun beginnende Vorführung des Gemeindeberichtes nur mit Mühe Aufmerksamkeit erreicht werden kann.

Klaus-Dieter Steinlein schaltet den Projektor ein. Jedes Bild ist etwa drei Sekunden zu sehen, dann erscheint automatisch das nächste. Ab und zu hält Steinlein die Präsentation kurz an, wenn er merkt, dass Reinhilde Thiele länger braucht, um ein Bild zu erklären. Interessiert schauen vor allem die nach vorn, die das Gezeigte miterlebt haben. Die Bilder wandern durch das Jahr: von der Weihnachtsfeier im Dezember bis zum Gemeindeausflug im Juni.

Aber was ist das? Mitten zwischen den Bildern zur Konfirmation erscheint ein Foto von der Gärtnerei. Katrin Fischer steht zwischen den Tulpen und lacht mit anste-

ckender Fröhlichkeit in die Kamera, hinter ihr leuchtet die alte Linde am Parkplatz. Rasch wechselt das Bild zu einem düsteren Foto von Reinhilde Thiele, dem gleich danach ein Portrait von Reinhard Thiele folgt. Mehr noch als das Sichtbare erstaunt und erschreckt ein Stöhnen die Gäste. Reinhilde Thiele ist in sich zusammengesunken. Aber gleich darauf springt sie auf, schlägt auf den neben ihr stehenden Klaus-Dieter Steinlein ein und schreit: „Du Schwächling!“ Sie lacht hysterisch: „Du Idiot, ha, du Trottel!“ Noch weiter schraubt sie sich hinauf, scheint geradezu in ihre Schreie hinaufzutorkeln. Erst ist es nur ein Aufheulen, dann aber steigert sie sich zu schriller Dissonanz: „Ich wusste, dass du die Nerven nicht hast, aber jetzt bist du auch noch ein Schwein!“
„Aber Reinhilde, ich ...“ Steinlein greift in die Luft, sucht Worte, bedeckt sich mit den Händen und klagt: „Ich doch nicht! Ich habe doch nichts verraten!“
Wie eine Furie schleudert sie darauf wieder ihre Arme gegen ihn und schreit: „Du tischst alles brühwarm auf und kannst den Mund nicht halten!“ Ihre lange erzwungene Beherrschung reißt auf. Sie kreischt: „Nun zeige doch auch noch den Bulli, du Narr!“
Wie von Geisterhand löst plötzlich ein neues Foto das alte ab: Der Bulli erscheint, fotografiert von der Ausbeulung her, die der Aufprall verursachte. Jetzt bricht Steinlein zusammen. Er knickt auf seinem Sitz ein, zieht die Beine unter den Bauch und verkriecht sich.
Inzwischen schäumt Reinhilde Thiele, gutturale Schreie krähen aus ihrem weitoffenen Mund. Nur wenige münden in verstehbare Worte wie „Männer ... Feiglinge ... kraftlose Schlappschwänze ...“ Ihre Tirade endet in dem grellen Schrei: „Ich bereue nichts!“ Nun fällt auch sie auf ihren Stuhl zurück. Ein erloschener Vulkan.

Die folgende Stille ist ein einziges Entsetzen. Kein Mensch spricht ein Wort, es scheint, als hätten alle im Raum das Atmen vergessen. Lange währt die Lähmung.

Plötzlich springt die Tür auf. Claudia Fischer steht in der Öffnung und ruft: „Vater, komm bitte!"
Martin Fischer steht auf, geht zum Ausgang. Nur die nahe sitzenden hören die Botschaft: „Wir sollen ins Krankenhaus kommen, Mama wacht auf!"

11.

Johannes Nieburg findet Klaus-Dieter Steinlein blass und schmal. Leise grüßt er den Pfarrer, zwar nicht mit Freude über den Besuch, aber auch nicht mit Hass.
„Wie sind Ihre Stunden?" Nieburg möchte wissen, ob Steinlein der Untersuchungshaft einen Sinn abgewinnen kann.
Steinlein berichtet von Büchern, die er liest, und dass er ein wenig Sport macht. „Ich versuche, möglichst nicht zu grübeln, aber nachts kommen die Gedanken. Ich schlafe wenig."
„Ich könnte auch nicht schlafen." So sehr sich Nieburg mit den Grübeleien Steinleins solidarisiert, so wenig glaubt er, sich in solcher Situation durch Lesen oder sportliche Aktivitäten ablenken zu können. Er setzt sich ihm gegenüber auf einen freien Stuhl. Mehr Möbel als einen Tisch und zwei Stühle hat der Besuchsraum nicht. Eine Weile schweigen beide, sehen sich nur an. Dann gibt Nieburg zu: „Ich versuche schon lange, Ihre Gedanken zu begreifen, aber das gelingt mir nicht."
„Warum nicht?"
„Weil die nicht zu meiner Logik passen."

„Und was passt da nicht?“

„Sie schrieben an eine Wand: Johannes 11, Vers 50. Ein Bibelspruch, der sagt: ‚Besser, wenn ein Mensch für das Volk stirbt, als wenn das ganze Volk umkommt.‘ Ich denke, mit diesem einen Menschen meinen Sie mich.“

„Richtig.“

„Ich soll also beseitigt werden.“

„Oder verschwinden.“

„Weil Sie meinen, ich würde mit Irrlehren die Gemeinde verderben.“

„So ist es! Und das meine nicht nur ich.“

„Aber ich verstehe nicht, warum Sie nicht mich für diese Leute töten wollten, sondern Katrin Fischer.“

„Sie kennen meine zweite Botschaft nicht?“

„Und die lautet?“

„Der wunderliche Tausch.“

„Aha, frei nach Martin Luther, ja?“

„Nun ja, so wie er im Gesangbuch steht.“

„So steht er dort aber nicht. In dem Lied, von dem Sie öfter sprechen, heißt es: ‚Es war ein wunderlicher Krieg, da Tod und Leben rungen. Das Leben das behielt den Sieg und hat den Tod bezwungen.‘ Gemeint ist die Auferstehung Jesu Christi von den Toten.“

„Das ist auch ein Tausch!“

„Ja, Herr Steinlein. Nur wird da das Leben für den Tod eingetauscht, Sie aber wollen den Tod für das Leben eintauschen.“

„Ach was, so schwierig ist das nicht: Wir wollten nur, dass Annerose Fischer nicht mehr im Wege steht, wenn wir gegen Sie kämpfen. Damit Sie ganz alleine stehen und endlich das Handtuch werfen ...“

„Furchtbar, dieser Tausch. Viel schlimmer, als wenn Sie versucht hätten, mich umzubringen!“

Die Stille im Raum lastet und quält, ein schweigendes Verhängnis.
Der Besucher steht auf. Die offene Frage ist beantwortet. Schon im Begriff zu gehen, sieht er in den Augen von Klaus-Dieter Steinlein eine Erwartung. Johannes Nieburg antwortet: „Ich bin hier für Vergebung nicht zuständig, so Sie die denn wünschen. Außerdem muss ich bekennen: Auch meine Hände sind nicht sauber geblieben: Ich war es, der die Fotos in die Präsentation einfügte."
Die Tür wird aufgeschlossen.

12.

„Ich habe Sie eingeladen, weil mir die Begegnungen mit Ihnen wie eine ansteckende Gesundheit bekommen sind."
Hubert Welsecke lacht und hebt sein Glas, zuerst stößt er mit der Kommissarin an, dann mit Karin Nieburg und dem Inspektor, schließlich mit seinem Freund Johannes Nieburg.
Magdalena Jäger staunt, wie dieser Mann mit den Augen lachen kann, und sie freut sich, weil er sie bei seinem Toast lange ansieht. Mein Gott, denkt sie, und folgt seinem rollenden Bass durch den Raum, der hat ja für diese Wohnung eine viel zu große Stimme, vielleicht ist er überhaupt für seine Welt zu groß.
Aber jetzt hat sie nicht Muse zum Nachdenken, sie hat auszusprechen, was am Ende der Untersuchungen gesagt werden muss: „Ich danke Ihnen, ohne Ihre Hilfe wären wir nicht so weit gekommen ..." Sie hält inne, denkt: Wie weit auch immer – dort, wo wir angekommen sind, haben wir keinen Grund zu triumphieren. „Was wir miteinander erlebt haben", spricht sie befangener, als zu der Runde passt, „stellte an uns im Blick auf Ethik und Men-

schenkenntnis besondere Anforderungen. Wir Kriminalisten haben dabei von Ihnen beiden theologische und psychologische Beratung erhalten. Mitunter waren wir aber auch auf Ihren gesunden Menschenverstand und zuletzt sogar auf Ihre praktische Hilfe angewiesen."
Jetzt hebt sie den Kopf, sieht im Gesicht von Hubert Welsecke Müdigkeit. Ich langweile ihn, erkennt sie erschrocken. Das ist das Letzte, was ich ihm zumuten möchte. Sie lässt ihre Dankesworte wie Maschen von einer Stricknadel fallen und sagt spontan: „Ich glaube, inzwischen mag ich Sie. Es würde mir in Zukunft schwer fallen, an Ihren Türen vorbeizugehen."
„Dann kommen Sie doch herein!" Hubert Welsecke erhebt erneut das Glas zum Toast, spricht: „Auf gute Nachbarschaft in unserer Stadt!" Die Runde lässt sich Welseckes Wein schmecken, den sie in den letzten Monaten schätzen gelernt hat.
Karin Nieburg wünscht sich dabei: „Auch ich bin gern hereingekommen und möchte künftig mitunter dabei sein und mitfeiern."
„Willkommen im Club!" Hubert Welsecke stößt mit ihr an. Sie trinken beide, danach meint er: „Allerdings sind wir", er blickt sich nach seinen Mitkämpfern um, „in den vergangenen Wochen alles andere als ein Club fröhlicher Leute gewesen. Jeder kleine Fortschritt musste mit Zweifeln bezahlt werden."
„So ist es", stimmt Magdalena Jäger zu, „doch der Wein im katholischen Pfarramt hat uns trotzdem immer geschmeckt." Darauf stoßen sie erneut miteinander an und trinken auf das gemeinsame Wohl.
Johannes Nieburg verlässt als Ersten die Freude am Feiern, eine Depression holt ihn ein. So geht es ihm manchmal, wenn andere Erfolge feiern, fühlt er sich minderwertig.

Traurig klingt seine Stimme: „Ob ich nach all dem noch hier leben und arbeiten kann ...“ Er senkt den Kopf und sieht aus, als habe er seine Frau und seine Freunde vergessen. „Ich werde mich wohl nach einer anderen Arbeit ...“ Er richtet sich auf und sieht seine Frau an, die seinem Blick standhält, als wolle sie sagen: ‚Das werden wir dann schon sehen‘, und lässt seine Worte verebben, so als wäre nicht mehr nötig, zu sagen, was er nun zuende führt: „ ... nach einer anderen Arbeit umsehen müssen.“
„Aber Othello“, Welsecke benutzt bewusst den Spitznamen seines Freundes, um die lockere Stimmung der Stunde zu erhalten, „da sollten wir erst mal warten, bis alle Wasser den Strom hinuntergeflossen sind.“
„Ja, Hubertus, ich rede am besten erst mal mit den Ältesten.“
„Das nenne ich klug! Zumal dein Vorsitzender damit schon angefangen hat, wie ich hörte.“ Hubert Welsecke nickt ihm zu, dann geht er zur Küche; aber ehe er von dort eine weitere Flasche Wein holt, dreht er sich in der Tür noch einmal um und sagt zu seinem Freund: „Ich glaube, wie es auch kommt, so wird es gut. Eine polnische Weisheit verspricht: ‚Wenn Gott eine Tür schließt, öffnet er ein Fenster.‘“
Sie genießen die Rebsorte, die anscheinend von ganz allein in ihre Gläser läuft, und beschließen, sich auch künftig den Wunsch von Karin Nieburg zu erfüllen: miteinander zu feiern. Als Motto wählen sie den Ausspruch: Feste arbeiten und Feste feiern. Darauf stoßen sie immer wieder an. Zu später Stunde ziehen miteinander eine Kriminalkommissarin, ein Polizeiinspektor und eine Organistin angeführt von einem evangelischen Pfarrer singend durch enge Gassen, die mehr vom Mondschein als vom Laternenlicht erhellt sind. Längst ist die kleine Stadt

schlafen gegangen, das aber stört die fröhlichen Sänger nicht. Nie kann der Hall der eigenen Stimme erhabener vernommen werden als dann, wenn andere Stimmen schweigen.

Nachspiel

Rede des Vorsitzenden Gottfried Bräsig zum Altweibersommer-Fest

Was für ein Sommer! Erinnern Sie sich: Am Anfang wäre unsere Stadt fast weggeschwommen. Die Vorstadt stand unter Wasser. Viele Einwohner mussten von den Dächern geholt werden. Selbst durch die Altstadt zogen Flüsse, wir konnten in unseren Straßen Kahn fahren.

Und nach dem Hochwasser kam die Glut. Menschen und Tiere dürsteten, schleppten sich unter einer unbarmherzigen Sonne durch die Tage, manche erlagen einem Hitzschlag.

Und nun haben wir Altweibersommer und gehen endlich wieder gelassen durch die Straßen unserer Stadt. Erträglich sind die Temperaturen, der Himmel meint es gut mit uns – also sollten wir uns mal wieder nach Hartenberg umblicken, um uns hier neu zu entdecken.

Aber wie macht es einer, der hier geboren ist und sich an seine Umwelt gewöhnt hat? Der steckt die Nase in ein Buch und erfährt dort: Es hat vor Jahrhunderten zwischen dem königlichen Schloss und der bürgerlichen Stadt eine Konkurrenz gegeben. Die ist noch immer zu sehen: Hier hängen Erker an Bürgerhäusern, die Erkern vom Schloss nachempfunden sind, und eine unserer Kirchen erinnert mit ihren zwei Turmhauben an die vom großen Wendelstein im Schloss.

Und an diese Entsprechungen knüpfe ich heute an: Nämlich an ein selbstbewusstes Bürgertum oder sagen wir es moderner: an die Kämpfe um Demokratie. Die wollen wir

nicht nur im Staat, sondern auch in der Kirche haben. Nun ist manchem nicht verborgen geblieben, dass es in letzter Zeit in der Leitung unserer Gemeinde einiges Gerangel gegeben hat. Mit unserem Pfarrer ist es nicht immer einfach, er ist ein sehr eigenwilliger Mann. Besonders ich habe mich an ihm öfter gerieben. Aber neulich hatte ich einen Traum, in dem wir hier in der Stadt einen ganz anderen Pfarrer hatten, der sprach, was man schon vor hundert Jahren sagte; ein Langweiler und einer, der den Leuten nach dem Munde redet. Als ich aufwachte, begriff ich: Mag sein, dass wir Reibung haben, aber auch viele Anregungen und keinen Stillstand. Stillstand ist nun wirklich nicht vom Geist bewegt. Geist ist immer auf dem Wege. Und wer hat uns denn versprochen, dass Wege nur glatt sein werden?
Bitte habt mit uns Geduld, die wir die Leitung hier auf dem Buckel haben. Wir wollen uns auch in Geduld mit euch schicken. Und damit uns die Länge der Zeit nicht nur Last bringt, ist uns eine der schönsten Städte verordnet worden. Nun sage ich am Ende mal nicht das bei uns übliche Amen, sondern: Es lebe Hartenberg und unsere Kirche!

Anmerkung

Der zuständige Spurenauswerter vom Landeskriminalamt Sachsen teilt mit: Er bedaure, besonders reichlich anfallende Arbeit habe das Gutachten verzögert, dieses ergibt: „Eine sichere Zuordnung der eingesandten Fingerabdrücke zu dem am Kraftfahrzeug gefundenen Spuren war durch die Daktyloskopie nicht zu erbringen. Der stark verschmierte Abdruck kann mit den Fingerbeeren des Verdächtigten nicht eindeutig identifiziert werden.“

Die Personen der Handlung

Magdalena Jäger, Kommissarin
Käthe Henkel, ihre Wirtin
Jens Müller, Inspektor
Hans Hesselbach, Leiter des LKA
Hubert Welsecke, katholischer Pfarrer
Johannes Nieburg, evangelischer Pfarrer
Karin Nieburg, seine Frau
Marcus Nieburg, sein Sohn
Werner Kleinert, Superintendent
Gottfried Bräsig, Vorsitzender vom Gemeindekirchenrat
Gerlinde Bräsig, seine Frau
Reinhard Thiele, Ältester
Reinhilde Thiele, seine Frau
Klaus-Dieter Steinlein, Ältester
Gabriele Steinlein, seine Frau
Gerhard Schneider, Ältester
Annerose Fischer, Älteste
Martin Fischer, Gärtner, ihr Mann
Claudia Fischer, Tochter
Roswitha Liesegang, Gemeindeschwester
Walter Krüger, Hilfsarbeiter
u. a.

Biografische Notizen

Lothar Petzold, geboren 1938 in Leipzig, ausgebildet zum Handelskaufmann. Studium der Theologie an der Martin-Luther-Universität Halle / Saale. Pfarrer in Torgau / Elbe und Berlin. Dozent, Publizist, Liederdichter, Erzähler. Von 1990 bis 1996 in der Chefredaktion der Sächsischen Zeitung in Dresden zuständig für Themen der Zeit. Hier hat er die Seite Mensch und Gesellschaft, geprägt von christlicher Ethik, entwickelt und geschrieben. Seit 1996 freischaffend. Verheiratet, lebt in Zeuthen bei Berlin

Veröffentlichungen u. a.:
Lieder im Strube Verlag München, wie: Am Wendepunkt ein Licht, Strube Verlag München 1994. Edition 9022. Sei wie ein Baum, Lieder, Strube Verlag München 1998. ISBN 3-921946-37-9. Das Leben ist schon da, Lieder, Strube Verlag München 2002. ISBN 3-89912-017-5. Alles hat seine Zeit, Lieder, Strube Verlag München 2003. ISBN 3-89912-061-2. Geistliches Konzert. Wir kamen nicht von irgendwo ... Sololieder. Strube Edition 1988 München 2004.

Sachbücher über Evangelische Landeskirchen in Ostdeutschland: Fundsachen. Kirchengeschichten aus Berlin und Brandenburg. verbum Verlag Berlin 1999.
Fundorte. Kirchengeschichten aus Thüringen. Wartburg-Verlag Weimar 2000. ISBN 3-86160-108-7.
Fundorte. Kirchengeschichten aus Sachsen-Anhalt und Thüringen. Wartburg-Verlag Weimar 2002. ISBN 3-86160-098-6.
Deutsche Gespräche. Eine Spurenlese mit Zeitzeugen 1990 bis 1999. Verlag Reinhard Thon Schwerin 2000.

Erzählungen: Fahrt durch offene Grenze. Erzählungen und eigene Aquarelle, Stock & Stein, Schwerin 1997
Zu Hause in der Fremde, Erzählungen mit eigenen Aquarellen. Hille Verlag Dresden 2004. ISBN 3-932858-68-9.

Vierlinge. Erzählungen und eigene Fotografien. ISBN 978-39812636-4-0. Wiedenverlag Crivitz/Schwerin.
Romane: „Diese treffliche Einsamkeit macht mich glücklich“. Romantische Reise nach Wiepersdorf zu Bettina und Achim von Arnim mit 32 eigenen Fotografien. Hille Verlag Dresden 2004. ISBN 3-932858-49-2. Kriminalromane im Wiedenverlag Crivitz/Schwerin: Süßklee und Der wunderliche Tausch. 2009.

Gedichte: „Saat und Ernte“. Strube Verlag München. ISBN 978-3-89912-171-1. 2013. „Ein neues Grün und Mut“ ISBN 978-3-942946-18-6. Wiedenverlag Crivitz/Schwerin 2013.

Anerkennungen:
Erster Preis für Kirchentagslied zum Deutschen Evangelischen Kirchentag in Düsseldorf 1985. Künstlerstipendiat des Landes Brandenburg auf Schloss Wiepersdorf IV/2000. In den Anthologien der Nationalbibliothek des deutschsprachigen Gedichtes München 2003, 2004, 2005 jeweils ein Gedicht abgedruckt. Paul-Gerhardt-Preisträger der Vereinigten Evangelisch-lutherischen Kirche in Deutschland 2007. Geistliches Konzert. Wir kamen nicht von irgendwo ... Sololieder. Strube Edition 1988 München 2004.
Anerkennende Rezension durch die Klassik Stiftung Weimar 2013 für das Buch: Diese treffliche Einsamkeit macht mich glücklich. Eine Reise in die Deutsche Romantik. Mitglied des Deutschen Schriftstellerverbandes.